Karin Schäufler

Raupe Rabatz rappt und reimt

Karin Schäufler

Raupe Rabatz rappt und reimt

Spaßideen zur Sprach- und Bewegungsförderung

HERDER

FREIBURG · BASEL · WIEN

© Verlag Herder GmbH, Freiburg im Breisgau 2008
Alle Rechte vorbehalten
www.herder.de

Umschlaggestaltung und -konzeption:
R·M·E München/Roland Eschlbeck, Rosemarie Kreuzer
Illustrationen: Sabine Tiemer, Teltow
Lektorat: Cornelia Schönfeld, Freiburg

Layoutentwurf und Produktion: HellaDesign, Emmendingen
Druck und Bindung: fgb · freiburger graphische betriebe 2008
www.fgb.de

Gedruckt auf umweltfreundlichem, chlorfrei gebleichtem Papier
Printed in Germany

ISBN: 978-3-451-32121-4

Inhalt

Vorwort

Claire jauchzt und macht vor lauter Freude einen Luftsprung. Benedikt ist außer sich vor Glück und fegt lautstark jubelnd wie ein Blitz durch den Garten. Die kleine Lea gluckst und strahlt, dann klatscht sie vor lauter Aufregung mehrfach in die Hände.

Diese wenigen Beispiele verdeutlichen, wie sehr uns Gefühle im wahrsten Sinne des Wortes »bewegen« können. Sie zeigen uns, wie sie innerlich und äußerlich bei uns wirken. Insbesondere die Musik bringt so manche Seite in uns zum Klingen. Sie begleitet, berührt und bewegt uns, weckt Erinnerungen oder löst damit verbundene Gefühle aus. Die Fähigkeit, durch Musik ausgelöste Gefühle zu empfinden, umzusetzen und nach außen zu transportieren, sollten wir Kindern nicht vorenthalten! Umgekehrt sollten wir Kindern ermöglichen, ihre Gefühle durch Gesang, Musik bzw. Tonerzeugung, Rhythmus und Bewegung auszudrücken!

Töne erzeugen, ein Musikstück oder ein Bewegungsspiel rhythmisch begleiten, einen Takt vorgeben, impulsiv ein Tänzchen wagen, einen Liedtext mit Inbrunst (mit-)singen und einen Sprechgesang erproben, das macht nicht nur Spaß, sondern fördert in jeder Hinsicht die Entwicklung und Ausdrucksfähigkeit der Kinder.

Gleiches gilt natürlich für die Bewegung! Gefordert sind dabei nicht die Perfektion einer Primaballerina, das Doubeln eines Hüften schwingenden Popstars oder die akrobatische Höchstleistung eines Hip-Hop-Meisters! Nein, es geht zunächst einmal um die freie, impulsive und spontane Bewegung, die durch Musik und ein mit ihr verquicktes Gefühl entsteht. Das sich dadurch entwickelnde und entwickelte Gespür bietet zudem eine gute Grundlage für vorgegebene Tanzmuster und festgelegte Schrittfolgen, die neben der freien tänzerischen Bewegung selbstverständlich ebenfalls eine wichtige Funktion in der musikalischen und/oder rhythmischen Früherziehung haben.

Gönnen Sie sich und den Kindern dieses bewegende und bewegte Lebensgefühl und räumen Sie diesem Bedürfnis im Kindergartenalltag immer wieder Raum und Zeit ein. Das vorliegende Buch soll Ihnen und den Kindern hierbei ein wesentlicher und wichtiger Begleiter sein, inspirierend und motivierend wirken, Tipps und Anregungen geben sowie eine Fülle konkreter Vorschläge – nicht nur im Kontext mit dem Sprechgesang – zur Verfügung stellen!

Viel Spaß und Freude wünscht allen

Karin Schäufler

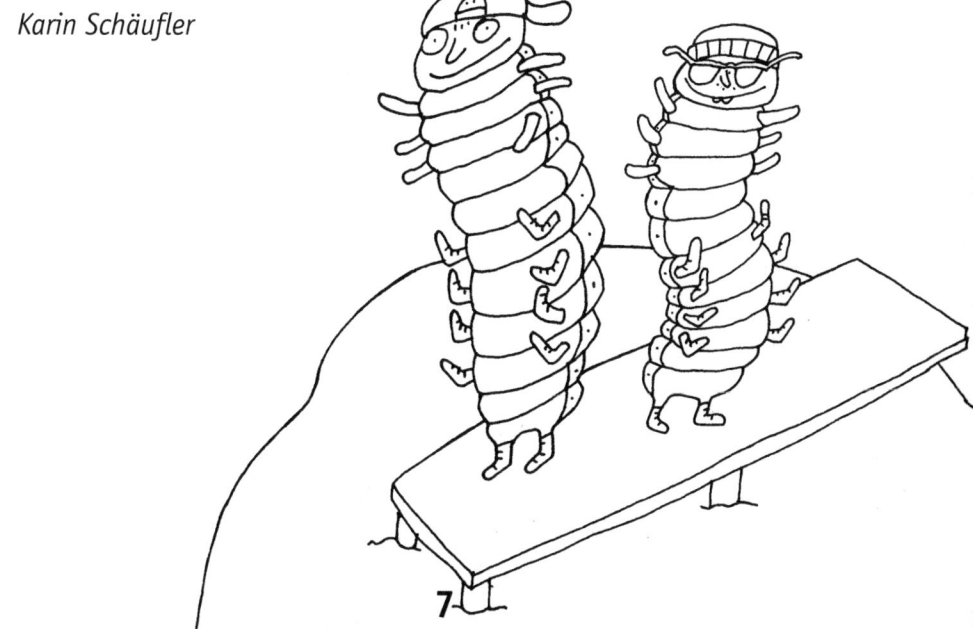

Einleitung

R wie Raupe

»Klein, aber oho!«: Gemäß dieser bekannten Devise stellen die Raupen Rabatz und Raubauz kindgerechte Sympathieträger dar. Auch mit geringer Körpergröße und eher unspektakulärem Aussehen beweisen die beiden Kleinen viel Mut, Sensibilität, Fantasie, Witz, Intelligenz und Tatkraft. Vor allem aber haben sie Freude an der Musik, dem Gesang, dem Reim und dem Rap, dem Rhythmus und der Bewegung. Und: Sie haben jede Menge Spaß in und an der Gemeinschaft!

Schließlich ist die Entwicklung einer Schmetterlingsraupe bis zum flugfähigen Schmetterling ein wahrhaft unglaubliches Phänomen, das einen Entwicklungsprozess mit sich stetig veränderndem Aussehen, kontinuierlich wechselnden (Lebens-)Umständen und Gegebenheiten symbolisiert bzw. nachvollziehbar macht und mit dem wahren Wunder der »Entfaltung« einhergeht.

Dieses Phänomen schafft Parallelen. Es macht neugierig, optimistisch und hoffnungsfroh. Es macht Mut und vermittelt neben Lebensfreude vor allem Lebensperspektive!

Schmetterlinge

In Mitteleuropa leben mehr als 3.000 Schmetterlingsarten. Weltweit sind über 150.000 verschiedene Schmetterlingsarten bekannt. Sie zählen zu den Insekten bzw. Kerbtieren. Der Schmetterling (Lepidoptera) begegnet uns während seiner Entwicklung als Raupe, Puppe und Falter. Aus dem befruchteten Ei schlüpft nach 10 bis 20 Tagen die Raupe ins Freie. Sie konzentriert sie sich in erster Linie auf das Fressen, bis sie förmlich aus der Haut platzt und sich häutet. Nach vier bis sechs Häutungen sucht sie einen geschützten Platz auf und spinnt sie sich in einen Kokon ein. In dieser kapselartigen Körperhülle entwickelt sich die Raupe zur Puppe. Es bilden sich die Anlagen für die Flügel, Beine, den Hinterleib, die Augen und Schmetterlingsorgane. Sind alle Entwicklungsprozesse abgeschlossen, platzt der Kokon und der Schmetterling kommt zum Vorschein.

R wie Rhythmik

Der Verbindung von Sprache und Bewegung bzw. Musik und Bewegung fördert das ganzheitliche Lernen, da hierbei alle Sinne angeregt und angesprochen werden und sich miteinander vernetzen. Diese Erkenntnis ist nicht neu, denn bereits seit über 100 Jahren spricht man von der »Rhythmisch-musikalischen Erziehung«, von »Rhythmik« oder von der »Rhythmischen Erziehung«.

Durch Lieder und Reime, Musik und Tanz, Bewegungs-, Sing- und Sprachspiele, durch darstellendes Spiel und andere differenzierte

Spielformen, durch Wahrnehmungs- und Entspannungsphasen, Aktionen rund um Reaktion und Interaktion sowie Ausdrucks-, Konzentrations- und Merkfähigkeitsübungen werden kognitive, grob- und feinmotorische, sensomotorische und psychomotorische Fähigkeiten und Fertigkeiten erschlossen, gefordert und gefördert.

Ebenso wird durch Improvisieren und Experimentieren mit Bewegungen, Sprache, Materialien und einfachen Instrumenten auf spielerische Art und Weise Selbstbestätigung und Selbsterfahrung ermöglicht, das Kreativitätspotenzial, die soziale und die emotionale Intelligenz, d.h. die gesamte Persönlichkeitsentwicklung, positiv beeinflusst und gestärkt.

Angesichts dieser Bandbreite an optimalen Fördermaßnahmen berücksichtigen die Projekte und Textbausteine im vorliegenden Buch die Grundlagen der rhythmischen Erziehung. In der Verknüpfung mit Sprechgesang, Rap, Hip-Hop und Reim leisten die Angebote einen wertvollen, interessanten, neuen und »modernen« Beitrag zur Gestaltung der rhythmischen und musikalischen Früherziehung im Kindergarten.

R wie Reime

Reime und Verse sind durch ihre gebundene Sprache bzw. ihren Rhythmus, ihre Klangmerkmale, ihre Satz- und Sprachmelodie besonders gut einprägsam. Als Liedtext, Gedicht, Zungenbrecher, Rätselreim oder Fingerspiel sensibilisieren sie das Gehör für den Klang der Sprache und regen somit die Sprech- und Sprachfreude an.

Reime und Verse begünstigen also Aussprache, Artikulation, Laut- und Satzbildung und nehmen entscheidend Einfluss auf den Wortschatz, die Grammatik, die Akzentuierung und das Sprachverständnis.

Rhythmische Spiel- und Sprechverse dienen insbesondere der Gliederung und Erkennung von Wörtern. Deren Zerlegung in betonte bzw. unbetonte Silben und Laute sowie in lange und kurze Vokale stellt eine wichtige Grundlage für das spätere Erlernen von Lesen und Schreiben dar. Rhythmische Spiel- und Sprechverse fördern die »phonologische Bewusstheit«: Sie fördern und fordern das ästhetische Empfinden im sprachlichen und lyrischen Bereich. Sie begünstigen ein Gespür für Lyrik, Freude am Lesen, Textverständnis und einen produktiven und kreativen Umgang mit Texten. Sie fördern die Konzentration, Merkfähigkeit sowie Aufmerksamkeit und dienen dem ganzheitlichen Lernen. Reime und Verse als Lebensbegleiter und/oder alltägliches Ritual ermöglichen den Kindern ein großes Maß an Sicherheit und Verankerung.

Die fantasievollen Spiel-, Sing und Sprechverse im vorliegenden Buch machen sich all diese positiven Faktoren zu Nutze. Sie bieten den Kindern die Chance, die Textinhalte ganzheitlich erfahrbar zu machen bzw. sich dieselben auf differenzierte Art und Weise motorisch, optisch, akustisch und haptisch anzueignen.

Die Verknüpfung von Reim, Gestik, Mimik, Rhythmus, Musik, Gesang, Tanz, Bewegung und Darstellung schafft eine besondere (Lern-)Freude. Außerdem erfahren die Kinder »ganz nebenbei« Wissenswertes rund um den Entwicklungsprozess der Schmetterlingsraupen.

R wie Rap

Der Ursprung von Rap und Break Dance liegt in der afroamerikanischen Straßenkultur Hip-Hop (englisch »Hüftsprung«). Diese entstand Anfang der siebziger Jahre im New Yorker Stadtteil Bronx, der von

Jugendkriminalität und verschärften sozialen Problemen geprägt war. In den schwarzen Ghettos der Bronx entwickelten die Kinder afroamerikanischer Eltern neben Graffiti einen eigenen Tanz-, Kleidungs- und Musikstil, der ihnen eine neue Form des Protests gegen die sozialen Missstände, eine Möglichkeit der Auseinandersetzung mit ihrer eigenen Situation und des Wettstreits untereinander bot. Die blutigen Kämpfe der rivalisierenden Straßengangs wurden zunehmend zu unblutigen Wettkämpfen zwischen Tanz- und Sprechakrobaten.

»Break Musik« entstand durch das Tüfteln experimentierfreudiger Discjockeys bzw. durch das Zusammenmischen von Breaks verschiedener (Disco-)Titel zu einem neuen Musikstück. Der entsprechende Tanzstil hieß »Break Dance«. Seine Anhänger kreierten hierfür einen zweckmäßigen Kleidungsstil, der vor allem durch Trainingsanzüge und Tennisschuhe geprägt ist. Mit der Zeit entwickelten die Discjockeys immer komplexere Mischverfahren. Sie spickten ihre Musikstücke mit stimmungsmachenden Kommentaren, Sprechrhythmen und Showeinlagen. Rap ist zunächst Ausdruck einer Lebenseinstellung, die sowohl den Künstlern als auch seinen Anhängern eine Ausdrucksform für die eigene Identität, die eigene Wahrnehmung und die eigene Realität bietet. Rap ist zudem ein Sprechgesang, der sich durch Sprechgeschwindigkeit, Pausen, Betonung und Rhythmus auszeichnet. Rap experimentiert originell mit dem Rhythmus von Reimen und Versen, wobei er Lyrik, Musik, tänzerische, kreative und akrobatische Bewegungsformen verbindet. Rap lebt durch Sprache, Motorik, Sinneswahrnehmung, Bewegungsfreude, Tanz und Tanzimprovisation.

Seit den neunziger Jahren sind Rap und Hip-Hop aktueller den je. Sie zählen zu den populären Musik- und Tanzformen, gelten als »cool« und

»in«. Weltweit sind sie in den Medien präsent und ertönen bereits in den Kinderzimmern aus den Lautsprechern. Deshalb werden in diesem aktuellen Buch die positiven Elemente, Eigenarten und Eigenschaften des Sprechgesangs bzw. des Rap und des Hip-Hop kindgemäß und kindgerecht, kreativ und konstruktiv genutzt und praxisorientiert umgesetzt.

R wie Rund ums Buch

In diesem Buch werden die benannten Gesichtspunkte über Reime, Rhythmik und Rap aufgegriffen, um sie mit den fördernden und förderlichen Aspekten einer bewegten und umfassend bewegenden rhythmischen Früherziehung zu vereinen. Der Schwerpunkt liegt dabei auf dem Sprechgesang. Auf diese Weise wird mit Sprache, Musik und Tanz, Spiel und Spaß, Sach- und Fachwissen die Entfaltung, Entwicklung und Förderung der künstlerischen und musikalischen Ausdrucksfähigkeit der Kinder gefördert.

Die rappenden Raupen Rabatz und Raubauz begleiten die Kinder durch die einzelnen Projekt- und Textbausteine. Doch sie kriechen, tanzen, singen, spielen und rappen nicht nur im Gemüsebeet, sondern dienen der Orientierung.

Als Einstieg in die einzelnen Kapitel ist jeweils eine kleine Geschichte zum Vorlesen vorangestellt. Damit kann das vorliegende Buch sowohl für ein langfristig angelegtes Gesamtprojekt wie auch für spontane oder einzeln ausgewählte Aktionen Verwendung finden.

Und nun: Viel Spaß mit den Raupen, der Rhythmik, dem Reim und dem Rap!

Einstiegsgeschichte

Eine Nacht mit tollen Ideen –
oder: Wie die Raupe zum Rap kam

Auf dem Spielplatz ist es still geworden. Die Kinder, die hier vorhin noch gelacht, gespielt und getobt haben, sind nach Hause gegangen. Langsam legt sich die Dunkelheit wie ein seidenes Tuch über den verlassenen Platz.

Aber im angrenzenden Garten sind zwei kleine Gestalten gerade erst putzmunter geworden: Die beiden Raupen Rabatz und Raubauz machen sich auf den Weg! Lautlos kriechen sie unter dem Zaun hindurch und streben in Richtung der großen, roten Rutsche.

Ihr denkt jetzt bestimmt, die Raupen wollen rutschen gehen, oder? Sicherlich wäre dies ein lustiger Anblick und ein großes Vergnügen für uns alle. Aber die neugierigen und abenteuerlustigen Freunde haben etwas entdeckt! Das ist viel interessanter. Es liegt direkt neben der Rutsche im Sand: Es ist rund und aus Stoff. Am Rand hat es ein merkwürdiges Ding. Was könnte das sein?
Aufgeregt umkreisen die Raupen das merkwürdige Objekt. Sie kriechen darunter und krabbeln darüber. Dabei grübeln und überlegen sie. Irgendwo haben sie so etwas schon einmal gesehen ...

Und dann fällt es Rabatz endlich wieder ein: Am Nachmittag, als die beiden Raupen im Sommerflieder am Rande des Spielplatzes vor sich hingedöst haben, sind plötzlich ein paar Jungen und Mädchen aufgetaucht. Alle Kinder hatten etwas auf dem Kopf. Einige trugen Kapuzen, andere Wollmützen und wieder andere hatten eben solch ein Ding auf den Kopf!
Wisst ihr jetzt, was dort im Sand liegt? Richtig, es ist eine Baseballkappe!

Die Kinder redeten voller Begeisterung vom Rap und vom Hip-Hop. Sie haben laut gesungen und getanzt. Einige Kinder haben mit Stöckchen

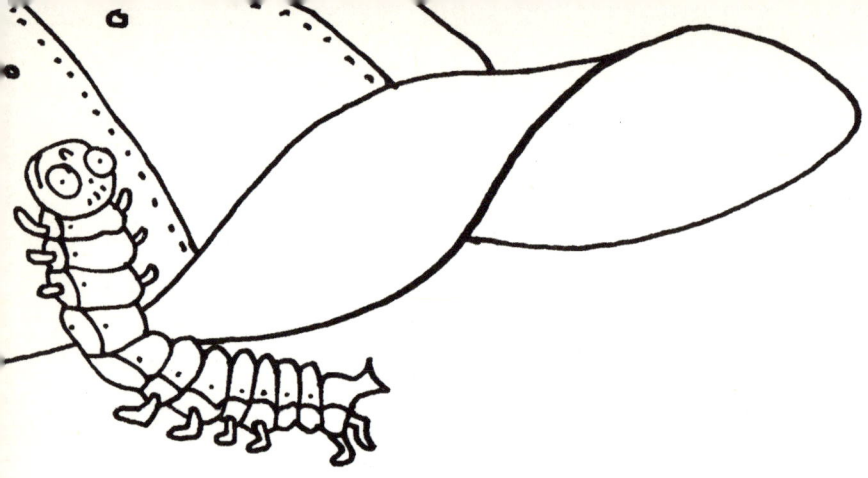

auf der Rutschbahnleiter und den Holzbänken tolle Rhythmen getrommelt, während andere witzige Reime formuliert und dazu rhythmisch
geklatscht oder mit den Fingern geschnipst haben. Wieder andere
Kinder haben sich im Takt hin und her bewegt oder fast schon akrobatische Übungen geturnt. Auf alle Fälle hatten die Kinder jede Menge
Spaß! Und jede Menge Spaß mögen auch die beiden Raupen Rabatz und
Raubauz!

Neugierig kriechen die Freunde unter das
geheimnisvolle Ding, das wohl eines
der Kinder beim Rappen verloren
hat. Unter der Mütze ist es warm
und dunkel, fast wie in einer
Höhle. Rabatz und Raubauz fühlen sich dort wohl und sicher.
Ganz entspannt liegen sie da.
Ob die Kappe etwas mit dem tollen Spaß zu tun hat?

Plötzlich schießt Raubauz ein wunderbarer Gedanke durch den Kopf: »Weißt du was, Rabatz? Wir werden auch so toll tanzen und reimen wie die Kinder!«

Rabatz ist begeistert und schlägt vor Aufregung einen Purzelbaum. »Ja! Raupe Rabatz rappt und reimt! Das klingt super! Am besten, wir fangen gleich damit an!«, ruft Rabatz.

So kam es, dass die beiden Raupenfreunde eine ganze Nacht unter der Baseballkappe auf dem Spielplatz verbrachten. Dabei erfanden sie viele Lieder, Spiele und Aktionen, Tänze, Raps, Hip-Hops und Reime. Ja, so hat alles angefangen! Und damit geht es jetzt in diesem Buch los und weiter ...

1   Raupe Rabatz wird munter

Wieder geht ein warmer Sommertag zu Ende. Die Amsel pfeift ihr Abendlied. Sogleich versammeln sich die Fische müde blubbernd am schützenden Grund des kleinen Teiches. Die fleißigen Bienen fliegen nach ihrem unermüdlichen Tagwerk erschöpft heim in ihren Stock und brummen schwerfällig über die Wiese. Hoch oben im Baum ertönen unterdessen sehr merkwürdige Geräusche: Pitschidipüüühhh, Pitschidipüüühhh und nochmals Pitschidipüüühhh! Das tagsüber so keck herumturnende Eichhörnchen muss wohl schon eingeschlafen sein. Lauthals schnarcht es nun sein unentwegtes Pitschidipüüühhh, Pitschidipüüühhh. Das geht fast jede Nacht so!

Doch während die einen mit Einbruch der Dunkelheit zur Ruhe kommen, werden andere erst richtig munter. Familie Maus huscht flink und ganz ausgeschlafen aus ihrem Versteck unter der Veranda.

Die Fledermaus Fritz fliegt lautlos vom Dachboden und begibt sich auf Beutefang. Der Nachfalter Otti poliert stolz seine dunklen Flügel, während der Igel schmatzend und schnüffelnd durch die Hecken trollt.

Auch auf dem großen Blatt der Stockrose bewegt sich etwas: Die kleine Raupe Rabatz erwacht und gähnt! Dann reckt und streckt sie sich. Sie krümmt sich, sie macht sich lang und rollt sich wieder wie eine Lakritzschnecke zusammen. Und dann? Dann beginnt auf dem Stockrosenblatt doch tatsächlich alles noch einmal von vorn:

Recken, strecken, krümmen, lang machen, zusammenrollen, recken und strecken. Das sieht lustig aus! Und es macht so richtig munter! Wollt ihr es auch einmal probieren?

Schon aus einem kleinen Garten kann man im Sommer ein Schmetterlingsparadies machen: Eine bunte Blumenwiese, ungespritzte Grünflächen sowie Blütenpflanzen aus der heimischen Flora bieten den Schmetterlingen Lebensraum und Nahrung zur Fortpflanzung. Ein dichter Brennnesselbusch ist ein idealer Lebensraum für die Raupen des Tagpfauenauges, des Kleinen Fuchses, des Landkärtchens und des Admirals. Hier finden sie genügend Nahrung und Schutz für ihre Entwicklung zum farbenprächtigen Schmetterling.

Hurra! Eine kleine Raupenschar!

Dieses Sing- und Bewegungsspiel eignet sich zur Einstimmung in die Geschichte ebenso wie zum Fit- und Wachwerden. Der Text wird nach der Melodie von »Mein Vater war ein Wandersmann« gesungen oder gerappt.

Durchführung: Alle Kinder knien mit Ihnen gemeinsam auf dem Boden. Beginnen Sie das Lied zu singen oder vorzusprechen und führen Sie dazu die entsprechenden Bewegungen aus. Danach heißt es für alle: Es wird sich gemäß der Textvorgabe gereckt und gestreckt. Es wird sich gekrümmt, zusammengerollt und lang gemacht.

1. *Wir recken uns, wir strecken uns, wir werden dabei fit,*
wir sind die kleine Raupenschar und alle singen mit:
Raupe hier, Raupe da, Raupe hier, Raupen überall!
Jetzt heißt es: Raupe hier, Raupe da, Raupen überall – Hurra!

2. *Wir werden lang, wir werden kurz, wir werden groß und klein,*
wir sind die kleine Raupenschar und alle stimmen ein:
Raupe hier, Raupe da, Raupe hier, Raupen überall!
Jetzt heißt es: Raupe hier, Raupe da, Raupen überall – Hurra!

3. *Wir Raupen kriechen hin und her, Bewegung tut uns gut,*
wir sind die kleine Raupenschar und singen wohlgemut:
Raupe hier, Raupe da, Raupe hier, Raupen überall!
Jetzt heißt es: Raupe hier, Raupe da, Raupen überall – Hurra!

Raupen-Radau für kleine Rabauken!

Der Rhythmus macht's! Hier kommt eine vergnügliche Übung mit Radau, die Sprechrhythmus, Silbentrennung und -betonung für die kleinen Rabauken deutlich hörbar und »be-greifbar« macht.

Durchführung: Die Kinder knien vor der Sitzfläche ihres Stuhls, denn diese fungiert als klangvolle und stabile Trommel.
Die Aktion beginnt mit einem lauten, freien Trommelwirbel aller Kinder. Nach dem Raupen-Radau kehrt Ruhe ein. Geben Sie langsam und betont die folgenden Worte, Satzteile und Sätze vor. Die kleinen Rabauken wiederholen die Worte. Dazu schlagen sie rhythmisch akzentuiert auf

die Sitzfläche ihrer Stühle. Zum Abschluss der Aktion erfolgt nochmals ein Raupen-Radau, ein lautstarker Trommelwirbel aller Kinder!

Rau - pe

Die Kinder sprechen das Wort laut nach und schlagen dabei 2 x auf die Sitzfläche des Stuhls. Dabei kommen die rechte und die linke Hand im Wechsel zum Einsatz. Wiederholen Sie den Vorgang.

Ra - batz

Die Kinder sprechen das Wort laut nach und schlagen dabei 2 x auf die Sitzfläche des Stuhls. Dabei kommen die rechte und die linke Hand im Wechsel zum Einsatz. Wiederholen Sie den Vorgang.

Rau - pe
Ra - batz

Alle sprechen das Wort laut nach und schlagen dabei 4 x auf die Sitzfläche des Stuhls. Dabei kommen die rechte und die linke Hand im Wechsel zum Einsatz. Wiederholen Sie den Vorgang.

Rau - pe
Ra - batz
wird jetzt wach!

Alle sprechen den Satz laut nach und schlagen dabei 7 x auf die Sitzfläche des Stuhls. Dabei kommen die rechte und die linke Hand im Wechsel zum Einsatz. Wiederholen Sie den Vorgang.

Hur - ra !

Die Kinder sprechen das Wort laut nach und schlagen dabei 2 x auf die Sitzfläche des Stuhls. Dabei kommen die rechte und die linke Hand im Wechsel zum Einsatz. Wiederholen Sie den Vorgang.

Rau - pe
Ra - batz
ist jetzt da!
Hur - ra !
(Pause und leise bis vier zählen)
Hur - ra !

Die Kinder sprechen den Satz laut nach und schlagen dabei unter Berücksichtigung einer kurzen Pause insgesamt 11 x auf die Sitzfläche des Stuhls. Dabei kommen die rechte und die linke Hand im Wechsel zum Einsatz. Wiederholen Sie den Vorgang.

Tipp: Sie können den gesamten Durchgang variieren, ergänzen und erweitern, indem betonte Silben und/oder das letzte Wort eines Satzes jeweils mit beiden Händen gleichzeitig geschlagen werden. Nach Belieben darf auch mit Schlagstöcken getrommelt werden. Und natürlich ist es auch erlaubt, eigene Sätze zu reimen.

2 Kleine Raupe mit Bärenhunger

Die Raupe Rabatz ist jetzt hellwach. In ihrem Magen gluckst und kollert es laut und deutlich: Grummel-grummel, brummel-brummel, gluckerdi-gluck und grummeldibrummel. Die kleine Raupe hat nach ihrem tiefen und festen Schlaf nun einen wahrhaft riesengroßen Bärenhunger! Darum macht sich Rabatz auch sofort auf den Weg in Richtung Gemüsebeet. Flott und flink kriecht sie über das Stockrosenblatt und am dicken Pflanzenstängel hinunter. Die kleine Raupe hat zwar heute noch eine ganze Menge vor, doch jetzt heißt es erst einmal: Fressen, fressen, fressen! Eins, zwei, eins, zwei, immer zügig voran!

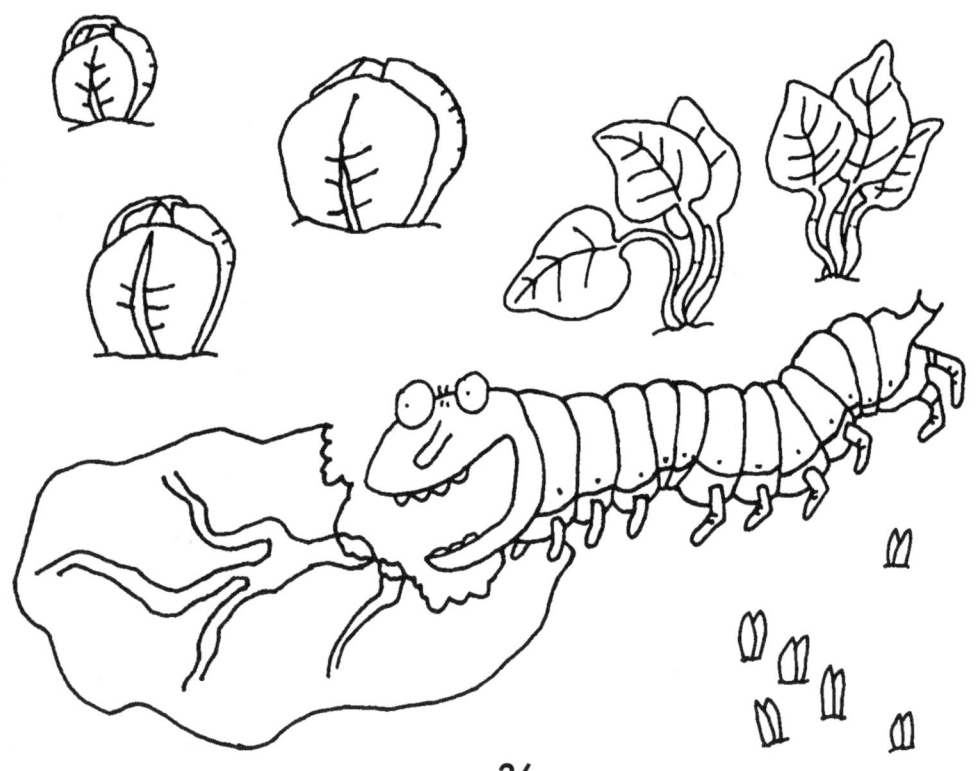

Raupen fressen, bis sie platzen!

Der Lebenstrieb der Raupe konzentriert sich in erster Linie auf das Fressen. Sie verfügt über kräftige Kiefer, mit denen sie ihre pflanzliche Nahrung abschneidet. Die Raupe wächst und schwillt förmlich an. Nach vier bis sechs Häutungen hat die Raupe ihre erforderliche Größe erlangt und genügend Vorratsstoffe für die nächste Verwandlung gespeichert.

Raupen-Reime zum Ergänzen

Durch flotte Rätsel- und Ergänzungsreime rund um die Vorlieben der Raupe Rabatz üben sich die Kinder in rhythmischen Sprechversen!

Durchführung: Die Kinder sitzen in einem großen Kreis. Beginnen Sie langsam, deutlich und akzentuiert die einzelnen Raupen-Reime vorzulesen. Das letzte Reimwort jedes Ergänzungsverses sollen die Kinder erraten und in die Runde rufen. Wiederholen Sie den Reim in voller Länge und lassen Sie die Kinder das ergänzte Wort gemeinsam laut aussprechen. Dabei klatschen sie analog zum Sprechrhythmus bzw. zu jeder Silbe mit den Händen. Erfinden Sie gemeinsam mit den Kindern weitere Raupen-Rätselreime!

Tipp: Die Kinder stellen auf einer Tapetenbahn die einzelnen Raupen-Reim-Abfolgen als Bilderserie dar. Durch die bildhafte Veranschaulichung wird die Wiederholung der Verse vereinfacht bzw. jederzeit ermöglicht.

Die Raupe Rabatz schläft nicht gerne,
sie mag den Mond und auch die ... (Ster-ne!)

Die Raupe Rabatz macht sich krumm
und kriecht im Blumenbeet ... (he-rum!)

Die Raupe Rabatz lebt im Garten,
kann mit dem Fressen kaum noch ... (war-ten!)

Die Raupe Rabatz frisst Spinat,
auch Grünkohl, Kresse und ... (Sa-lat!)

Die Raupe Rabatz, die ist frech,
sie hat viel Glück und selten ... (Pech!)

Die Raupe Rabatz ist jetzt satt,
drum macht sie Pause auf dem ... (Blatt!)

Fingerspiele für hungrige Raupen

Ein Fingerspiel fördert Konzentration, Fantasie, Geschicklichkeit und Sprachentwicklung – und als Tischspruch einen besonders guten Appetit!

Fünf hungrige Raupen

Durchführung: Alle Kinder sitzen am gedeckten Esstisch. Eine Hand wird in Kopfhöhe erhoben. Die fünf Finger stellen eine Raupe dar. Der Tischspruch wird sowohl gemeinsam gesprochen, als auch in Fingerbewegungen umgesetzt. Als Erstes beginnt der Daumen zu wackeln. Dann bewegt sich der Zeigefinger. Als Drittes bewegt sich der Mittelfinger und anschließend duckt sich der Ringfinger wackelnd nach unten. Zum Schluss zappelt der kleine Finger hin und her.

Die Raupe ist ein kleines Tier.
Die zweite Raupe wackelt hier.
Die dritte Raupe macht sich lang.
Die vierte Raupe duckt sich bang.
Die letzte Raupe zappelt mit
und wünscht 'nen guten Appetit!

Zehn hungrige Raupen

Durchführung: Alle Kinder sitzen am gedeckten Esstisch und erheben beide Hände rechts und links in Kopfhöhe. Die zehn Finger stellen jeweils Raupen dar.
Gemeinsam wird der Tischspruch unter stetig wackelnden und zappelnden Bewegungen aller zehn hungrigen Raupen gesprochen. Beim letzten Wort »ver-sessen« werden beide Hände langsam zusammengeführt und bei der zweiten Wortsilbe laut zusammengeklatscht.

Raupen wackeln hier und warten.
Raupen warten auf den Braten.
Raupen zappeln, wollen fressen,
sind aufs Essen ganz ... (ver-sessen!)

Raupen warten hier und wackeln.
Raupen warten hier und zappeln.
Raupen warten auf ihr Fressen,
sind aufs Essen ganz ... (ver-sessen!)

Viel zu eng und Peng!

Das stetige und unbändige Fressen der kleinen Raupen mit dem Bärenhunger ist für ihren Entwicklungsprozess enorm wichtig. Irgendwann einmal platzt aber jede Raupe aus ihren Nähten. Sie häutet sich so oft, bis sie sich schließlich verpuppt.

In Anlehnung an die bekannte Melodie » Die Vogelhochzeit« will dieses fröhlich-freche Lied vom Phänomen dieser erforderlichen Häutungen berichten.

Die Raupe, ganz versessen,
hat heut' zu viel gefressen.
Vidirallala, vidirallala,
videralla lala la.

So kommt's, dass ihre Haut sich dehnt,
die Raupe nun mehr Platz ersehnt.
Vidirallala, vidirallala,
videralla lala la.

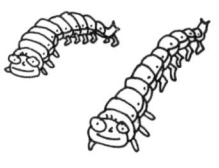

Aufgrund der Körperfülle,
braucht sie 'ne neue Hülle.
Vidirallala, vidirallala,
videralla lala la.

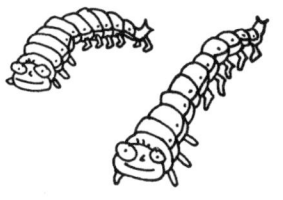

Weil ihre Haut so schrecklich spannt,
wird heut' die enge Haut verbannt.
Vidirallala, vidirallala,
videralla lala la.

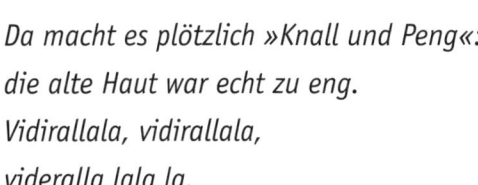

Die Raupe, die ist gar nicht dumm,
und deshalb zieht sie sich jetzt um.
Vidirallala, vidirallala,
videralla lala la.

Da macht es plötzlich »Knall und Peng«:
die alte Haut war echt zu eng.
Vidirallala, vidirallala,
videralla lala la.

Die Raupe hat klug vorgebaut,
und trägt nun eine neue Haut!
Vidirallala, vidirallala,
videralla lala la.

Die Raupe, ganz versessen,
wird gleich schon wieder fressen.
Vidirallala, vidirallala,
videralla lala la.

3 Raupe Rabatz und Kumpel Raubauz

Mmh! Das war lecker! Die kleine Raupe hat sich rundherum satt gefressen und schluckt das allerletzte Blattkrümelchen zufrieden schmatzend hinunter. Nun wird es höchste Zeit für Rabatz, ihren Kumpel Raubauz zu suchen. Die beiden Raupen sind nämlich die allerbesten Freunde und haben jede Menge Spaß miteinander. Gemeinsam erkunden und entdecken sie die Welt, erleben Abenteuer und teilen ihre liebsten Beschäftigungen: Reimen, Singen, Musizieren, Tanzen und Rappen! Ja, darin sind die kleinen Raupen ganz groß! Und ihr habt doch bestimmt auch einen fetzigen Rhythmus im Blut, oder?

Raupen-Rhythmus-Reihe

Heute geht es im Stuhlkreis um Rhythmik, Sprachrhythmus, Silbentrennung sowie um die Verknüpfung von Lauten, Bewegungen, Geräuschen und um die rhythmische Interaktion. Statt der Body-Percussion können auch einfache Instrumente wie Rasseln, Trommeln, Klanghölzer oder Triangeln, die sich im Klang unterscheiden, zum Einsatz kommen. Beide Varianten der Raupen-Rhythmus-Reihe, die einzelnen Lernschritte sowie die darin enthaltenen rhythmischen Übungen mit Wort- und Lauttrennungen (»Rau« und »Pen«) orientieren sich stets am Gesamtbegriff »Raupen«, also »Rau-Pen«.

Body-Percussion

Durchführung: Die Kinder sitzen in einem großen Stuhlkreis. Bevor die Percussion beginnt, erklären Sie den Kindern, dass in der Raupen-Rhythmus-Reihe das Wort »Raupen« in die Silben »Rau« und »Pen« laut zerlegt werden soll. Jeder gesprochenen Silbe ist mit den Händen oder Füßen eine bestimmte, geräuschvolle Bewegung zuzuordnen. Alle einzelnen Schritte der Raupen-Rhythmus-Reihe werden so lange geprobt, bis alle Kinder den Rhythmus in Wort, Bewegung und Geräusch bzw. die Verknüpfung sowie die Umsetzung der Rhythmikübung verstanden und verinnerlicht haben.

Schritt 1:

Rau - Rau - Rau - Rau

Gemeinsam sprechen alle Kinder zusammen 4 x laut und langsam (!) die Silbe »Rau« und stampfen hierzu im Rhythmus abwechselnd mit dem rechten und dem linken Fuß auf.

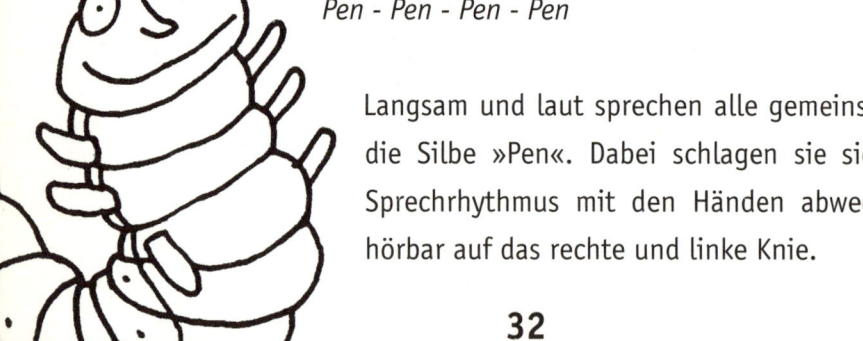

Schritt 2:

Pen - Pen - Pen - Pen

Langsam und laut sprechen alle gemeinsam 4 x die Silbe »Pen«. Dabei schlagen sie sich zum Sprechrhythmus mit den Händen abwechselnd hörbar auf das rechte und linke Knie.

32

Schritt 3:

Rau - Pen - Rau - Pen

Im Rhythmus sprechen alle Kinder gemeinsam langsam und laut 2 x das in Silben zerlegte Wort »Rau-Pen«. Bei »Rau« stampfen sie kräftig mit einem Fuß auf. Bei »Pen« schlagen sie einmal kraftvoll aufs Knie.

Schritt 4:

Rau - Rau - Rau - Rau,
Pen - Pen - Pen - Pen,
Rau - Rau - Rau - Rau,
Pen - Pen - Pen - Pen!

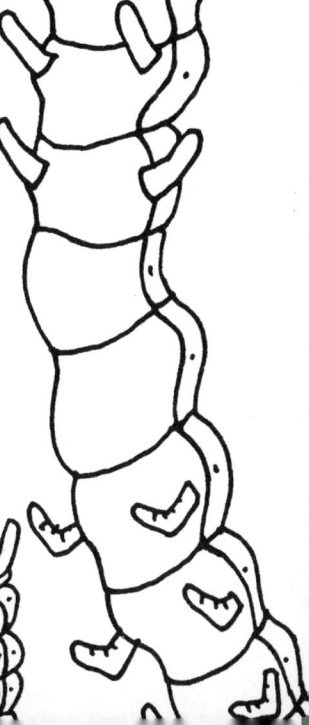

Diesmal werden die in Schritt 1 und 2 erlernten Rhythmus-Reihen im Wechsel wiederholt. Bei »Rau« stampfen sie abwechselnd mit dem linken und dem rechten Fuß auf, bei jedem »Pen« schlagen sie sich abwechselnd auf die rechten und die linken Knie.

Schritt 5:

Rau - Rau - Rau - Rau - Pen - Pen - Pen - Pen,
Rau - Rau - Rau - Rau - Pen - Pen - Pen - Pen!

Nun ist höchste Konzentration gefordert. Wie in Schritt 4 werden die beiden ersten erlernten Rhythmus-Reihen ausgeführt. Diesmal muss jedoch Schritt 1 auch dann beibehalten werden, wenn Schritt 2 gefordert ist. Bei jedem »Rau« stampfen die Kinder abwechseln mit dem linken und dem rechten Fuß auf. Bei jedem »Pen« schlagen sie sich abwechselnd auf das rechte und das linke Knie, während sie weiterhin im Rhythmus mit dem Fuß aufstampfen. Das bedeutet, dass die Silben »Rau« und »Pen« abwechselnd leiser und lauter werden: Wenn »Pen-Pen-Pen-Pen« im Vordergrund steht, tritt das fortgeführte Stampfen mit den Füßen leise in den Hintergrund – und so weiter!

Instrumentale Raupen-Rhythmus-Reihe

Durchführung: Klanghölzer, Rasseln (Wichtig bei der Auswahl der Instrumente ist, dass diese sich im Klang deutlich voneinander unterscheiden!)

Durchführung: Die Kinder sitzen in einem großen Stuhlkreis auf dem Boden. Sie haben die Body-Percussion bereits durchgeführt und kennen den Text der Raupen-Rhythmus-Reihe (siehe Seite 32-34).
Bei der Instrumental-Percussion werden die Kinder in zwei gleich große Klanggruppen eingeteilt. Eine Gruppe erhält Klanghölzer, die bei der Silbe »Rau« geschlagen werden. Die andere Gruppe bekommt Rasseln, die jeweils bei der Silbe »Pen« zum Einsatz kommen.
Auch bei der Instrumental-Percussion werden alle fünf Schritte der Raupen-Rhythmus-Reihe so lange geprobt, bis alle Kinder den Rhythmus in Wort und Geräusch bzw. die Verknüpfung und Umsetzung der Rhythmikübung verstanden und verinnerlicht haben.
Beim nächsten Durchgang der instrumentalen Rhythmus-Reihe tauschen die Gruppen ihre Instrumente und üben deren Einsatz nochmals Schritt für Schritt ein.

4 Wenn Raupen reisen ...

Während der Mond und die Sterne am Abendhimmel zu leuchten beginnen, sitzen Raupe Rabatz und Raupe Raubauz vergnügt schaukelnd in der orangeroten Blüte einer Kapuzinerkresse.

»Stell' dir mal vor, wir könnten hinauf zum Mond und zu den Sternen fliegen!«, sagt Raupe Rabatz plötzlich.

»Oh ja! Das wäre toll! Zwei kleine Raupen unterwegs im riesigen Weltall! Das wäre wirklich eine prima Sache!«, ruft Raubauz begeistert.

Nachdenklich blicken die beiden Raupen zum weit entfernten, gelben Mond und zu den vielen funkelnden Sternen hinauf.

»Wir könnten uns vielleicht eine Raupen-Rakete bauen! Oder mit einem großen, starken Vogel in den Weltraum fliegen«, überlegt Rabatz.

»Weißt du was? Wir singen mal das tolle Lied von den Raupen, die reisen«, schlägt Raubauz vor. Raupe Raubauz beginnt eine Melodie zu summen. Und Raupe Rabatz stimmt ein und singt dazu. Summt, singt und reist ihr mit?

Lied oder Sprechgesang: Raupen-Reise ins All

Raupen im All? Das ist einmal etwas Neues! Diese originelle Idee bietet eine ganz andere Sichtweise auf die Vorlieben kleiner Raupen. Hier soll diese Idee in Anlehnung an die alt bekannten Melodie »Ein Schneider fing 'ne Maus« mit einem Liedtext spielerisch aufgegriffen und umgesetzt wird.

Durchführung: Die Kinder bilden einen Kreis und werden je zur Hälfte in »Summer« und »Sänger« eingeteilt. Die Summer erhalten Triangeln. Während sie die Melodie summen und dazu ihre Triangeln im Takt zum Klingen bringen, singen die anderen Kinder das Lied.

Später werden die Rollen getauscht, so dass jedes Kind einmal als »Summer« und einmal als »Sänger« im All unterwegs war.

Tipp: Eine großes Gemeinschaftsbild auf Tapetenbahn birgt im Hinblick auf die außergewöhnlichen Vorstellung von »Raupen im All« ein hohes Potenzial an fantasievollen Motiven. Es weckt die Vorstellungskraft und Kreativität der Kinder. Den Betrachtern bringt es als »Hingucker« jede Menge Spaß!

Wir Raupen reisen gern,
wir Raupen reisen gern.
Wir fliegen bis zum höchsten Stern,
bis zum höchsten Stern.
Wir Raupen reisen gern!

Wir fliegen mit 'nem Knall,
wir fliegen mit 'nem Knall.
Wir fliegen weit ins Weltenall,
weit ins Weltenall.
Wir fliegen mit 'nem Knall!

Wir kreisen um die Welt,
wir kreisen um die Welt.
Wir kreisen hoch am Himmelszelt,
hoch am Himmelszelt.
Wir kreisen um die Welt!

Mit Zungenbrechern zügig um die Planeten!

In diesem Spiel wird eine zügige Raupenreise um einen Planeten gestartet. Begleitet werden die Raupen von zügigen Zungenbrechern.

Durchführung: Die Kinder sitzen in einem großen Kreis. In der Mitte liegt ein großer Ball, der einen Planeten symbolisiert. Ein Kind spielt als Erstes die Raupe Rabatz, die um einen Planeten kreist. Während das Kind um den Ball herumkriecht, sprechen die übrigen Kinder den Zungenbrecher von der Raupe Rabatz.

Am Ende des ersten Zungenbrechers tippt die Raupe Rabatz ein Kind an, welches die Raupe Raubauz spielt. Gemeinsam umkreisen die beiden Raupen-Kinder nun den Planeten.

Die übrigen Kinder sprechen die weiteren Zungenbrecher. Am Schluss bestimmt das Kind, welches in dieser Runde die Raupe Raubauz mimte, die nächste Raupe Rabatz. Nun beginnt die Raupenreise um den Planeten von vorne. Das Zungenbrecherspiel wiederholt sich so lange, bis alle anwesenden Kinder mindestens einmal um den Planeten gekrochen sind.

Raupe Rabatz
reist rundherum,
rundherum
reist Raupe Rabatz.

Raupe Raubauz
reist rundherum,
rundherum
reist Raupe Raubauz.

Raupe Rabatz
und Raupe Raubauz
reisen rundherum,
rundherum
reisen
Raupe Raubauz
und Raupe Rabatz.

5   Der Auftritt

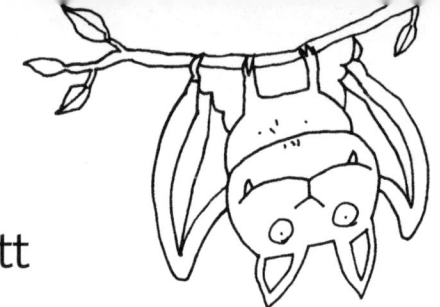

»So!«, sagt Rabatz plötzlich energisch und knufft ihrem verträumten Kumpel Raubauz in die Seite. »Jetzt geht's endlich richtig los! Komm, beweg dich!«, ruft sie und kriecht aufgeregt davon.

Das lässt sich ihr Freund nicht zweimal sagen. Flink kriecht er ihr hinterher. Eins, zwei, eins, zwei, eins, zwei ... immer schön im Rhythmus krümmen und strecken. Die beiden Raupen kommen schnell voran und sind schon fast am Ziel ... Möchtet ihr wissen, wohin die beiden unterwegs sind? Ich will es euch verraten: Zur Wasserbühne am kleinen Teich! Dort wird es heute Abend nämlich eine ganz tolle Show geben! Jede Menge Zuschauer haben sich bereits vor der Wasserbühne versammelt. Auch Familie Maus ist schon da und wartet gemeinsam mit der Fledermaus Fritz, dem Igel und dem Nachtfalter Otti ganz ungeduldig auf den großen Auftritt.

Und wisst ihr auch, wer bald auf dieser Bühne stehen wird? Na: Raupe Rabatz und Kumpel Raubauz mit ihrem Raupen-Rap!

Wollt ihr auch mit einem raupenstarken Raupen-Rap auftreten?

Ein raupenstarker Raupen-Rap

Zwei Gruppen machen hier raubauzigen Rabatz mit selbst gebauten Rasseln, rhythmischem Sprechgesang und frei gewählten rhythmischen Bewegungen! Vorhang auf und Bühne frei für den raupenstarken-Raupen-Rap mit viel »Rabatz!« und »Raubauz!«!

Material: leere Plastikröhrchen mit Deckel, kleine Kieselsteinchen, grober Sand, selbstklebende bunte Folie, Baseballkappen, Wollmützen, Kapuzenpullis, Big-Shirts, Sonnebrillen

Vorbereitung: Jedes Kind erhält ein Plastikröhrchen, welches es zu einem Drittel mit Kieselsteinen oder grobem Sand befüllt. Hernach werden die Röhrchen fest verschlossen und mit selbstklebender Folie bunt

verziert. Nun fehlt nur noch ein »cooles Outfit«, für das sich die Kinder mit den typischen Kleidungsstücken und Sonnenbrillen verkleiden.

Durchführung: Es ist ratsam, zuerst mit allen Kindern den Text inhaltlich zu besprechen. Haben alle den Text verstanden, dürfen sie diesen mit ihren Rasseln rhythmisch umsetzen und mögliche Bewegungen oder Tanzschritte erproben.

Nach diesen Proben werden zwei Gruppen gebildet: die Raubauz-Gruppe und die Rabatz-Gruppe. Jede Gruppe studiert ihre Texte ein, übt die Einsätze für ihren Sprechgesang sowie die passenden Tanzschritte und Bewegungen. Außerdem proben beide Gruppen das rhythmische Rasseln und Sich-Bewegen für den gesamten Raupen-Rap, denn dieser soll ununterbrochen von allen Kindern begleitet werden. Zum Schluss üben beide Gruppen noch ihre Einsätze für den Refrain, die im Wechsel erfolgen. Die Raubauz-Gruppe ruft ein lautes und lang gezogenes »Raubauz!«, auf das die Rabatz-Gruppe unmittelbar mit einem lauten, aber kurz gerufenen »Rabatz!« folgt.

Zum Abschluss der Proben kommen beide Gruppen für eine General-probe zusammen. Die Raubauz-Gruppe beginnt mit dem ersten Vers. Es folgen der Refrain und der zweite Vers, den die Rabatz-Gruppe vorträgt. Nach einem weiteren Refrain artikulieren alle gemeinsamen im »bewegten« Sprechgesang den dritten Vers. Zum Schluss folgt wieder der Refrain, der mit einem kräftigen Nonstopp-Dauerrasseln abgeschlossen wird.

1. Rabauz-Gruppe:

Wir rappen, tanzen, rasseln hier,
wir reimen, singen, glaube mir:
Der Raupen-Rap mit Rasselei
ist raupenstark: Wir sind dabei!

2. Rabatz-Gruppe:

Wir rappen, tanzen, rasseln hier,
wir reimen, singen, glaube mir:
Der Raupen-Rap ist angesagt,
ruft alle laut, wenn ihr es wagt:

3. Alle gemeinsam:

Wir rappen, tanzen, rasseln hier,
wir reimen, singen, glaube mir:
Der Raupen-Rap mit Rasselei
ist raupenstark: Wir sind dabei!

Refrain:

Raubauz!
Und Rabatz!
Raubauz!
Und Rabatz!

Im Wechsel ertönen ein lang gezogener Ruf der Rabauz-Gruppe und ein kurzer Ruf der Rabatz-Gruppe.

Refrain:

Raubauz!
Und Rabatz!
Raubauz!
Und Rabatz!

Im Wechsel ertönen ein lang gezogener Ruf der Rabauz-Gruppe und ein kurzer Ruf der Rabatz-Gruppe.

Refrain:

Raubauz!
Und Rabatz!
Raubauz!
Und Rabatz!

Im Wechsel ertönen ein lang gezogener Ruf der Rabauz-Gruppe und ein kurzer Ruf der Rabatz-Gruppe. Abschließendes, lautes Dauerrasseln von allen!

43

6   Raupen voll in action!

Das Publikum am kleinen Teich ist vom Raupen-Rap hellauf begeistert! Raupe Rabatz und Raupe Raubauz haben wirklich alles gegeben und toll gerappt! Der dicke Frosch quakt bittend und bettelnd um eine Zugabe. Die betagte Frau Grille zirpt laut ihren Beifall. Die frechen Molche klatschen auf den Hinterfüßen stehend mit ihren Vorderfüßchen und jubeln. Die Libellen Sing und Sang surren aufgeregt mit den zarten Flügeln. Familie Maus fiept und pfeift aus vollem Halse. Selbst der Igel hat eine wohlige Gänsehaut bekommen, so dass seine spitzen Stacheln kerzengerade nach oben stehen. Die Fledermaus Fritz hängt kopfüber am Mandelbäumchen und schlägt mit den Flügeln Applaus. Nachtfalter Otti zieht immer wieder freudig brummend seine Kreise über dem kleinen Teich. Die Glühwürmchen glühen vor Begeisterung und beleuchten hell die Bühne.

Rabatz und Raubauz freuen sich sehr über so viel Lob und Anerkennung. Die beiden strahlen über das ganze Gesicht und machen sich startklar für ihren coolen Hip-Hop »Raupenalarm!« Und ihr?

Der coole Hip-Hop: Raupenalarm!

Das ist »echt cool«! Und zur Aufführung vor Publikum bestens geeignet! Hier kommt ein rhythmischer Sprechgesang mit festgelegtem Bewegungsmuster in Anlehnung an die alt bekannte Melodie »Auf der schwäb'schen Eisebahne«. Selbstverständlich können andere, neue Bewegungsmuster den Hip-Hop erweitern, bereichern und (um-)gestalten. Auch das Schnalzen mit der Zunge und das Schnipsen mit den Fingern ermöglichen neue Variationen und Varianten beim Klatschen. Es darf gerne experimentiert werden!

Material und Vorbereitung: Für ein »cooles Outfit« tragen die Kinder Baseballkappen, Kapuzenpullis, Wollmützen, Sonnenbrillen sowie Big-Shirts. Da sich die Bewegungen und Bewegungsmuster an den Raupen orientieren, sollte das Outfit farblich an die Thematik angelehnt sein.

Durchführung: Alle Kinder beginnen in einer Reihe stehend mit dem Sprechgesang, den sie mit rhythmischem Klatschen begleiten. Gleichzeitig machen sie bei jedem »Hip« und »Hop« einen rhythmischen Ausfallschritt nach rechts oder links. Bei Hip machen alle einen Schritt nach rechts und bei Hop einen Schritt nach links. Sollten die Kinder bei der Orientierung bezüglich rechts und links noch Schwierigkeiten haben, so erhalten sie am linken Handgelenk ein rotes Band und am rechten Handgelenk ein blaues Band als Wegweiser.
Wählen Sie für die ersten drei Verse jeweils zwei Rapper-Kinder aus, die bei ihrem Einsatz aus der Reihe treten und sich zum Sprechgesang bewegen möchten.

Refrain:

Raupen-Hip und Raupen-Hop,
unser Song ist cool und top!
Raupen-Hip und Raupen-Hop,
unser Song ist cool und top!

Strophe 1:

Wie 'ne Raupe kriecht der Arm
Hip und Hop: Raupenalarm!
Wie 'ne Raupe kriecht der Arm,
Hip und Hop: Raupenalarm!

Zwei Kinder treten vor und bringen ihre Arme ins Spiel. Jeweils ein Arm schlängelt sich oder kriecht wie eine Raupe einmal von rechts nach links und dann wieder von links nach rechts durch die Luft. Am Ende des Verses treten die beiden Akteure in die weiterhin »bewegte« Reihe zurück.

Refrain:

Raupen-Hip und Raupen-Hop,
unser Song ist cool und top!
Raupen-Hip und Raupen-Hop,
unser Song ist cool und top!

Strophe 2:

Auf die Knie, hoch den Arm,
Hip und Hop: Raupenalarm!
Auf die Knie, hoch den Arm,
Hip und Hop: Raupenalarm!

Die nächsten zwei Kinder treten vor und knien sich auf den Boden. Sie wiegen zum Sprechgesang und rhythmischen Klatschen der Gruppe einen nach oben ausgestreckten Arm rhythmisch von rechts nach links und dann von links nach rechts. Am Ende des Verses reihen sich die beiden Kinder wieder ein.

47

Refrain:

Raupen-Hip und Raupen-Hop,
unser Song ist cool und top!
Raupen-Hip und Raupen-Hop,
unser Song ist cool und top!

Strophe 3:

Rollt euch, purzelt kreuz und quer,
Hip und Hop, das gibt was her.
Rollt euch, purzelt kreuz und quer,
Hip und Hop, das gibt was her!

Nun treten die letzten beiden ausgewählten Kinder in die Mitte. Während die anderen weiterhin dem Sprechgesang, dem rhythmischen Klatschen und den Ausfallschritten frönen, kugeln sie sich auf dem Boden und schlagen Purzelbäume. Je nach Fähigkeiten führen sie noch andere kleine akrobatische Kunststücke vor. Am Ende des Verses gehen die beiden Kinder wieder in ihre »bewegte« Reihe zurück.

Refrain:

Raupen-Hip und Raupen-Hop,
unser Song ist cool und top!
Raupen-Hip und Raupen-Hop,
unser Song ist cool und top!

Strophe 4:

Und jetzt alle, nur nicht lahm,
Hip und Hop: Raupenalarm!
Und jetzt alle, nur nicht lahm,
Hip und Hop: Raupenalarm!

Zum Abschluss heben alle Kinder die Arme und klatschen den Rhythmus über dem Kopf.

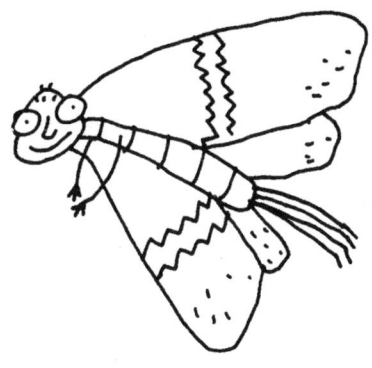

Tipp!

Sollte der »Hip und Hop: Raupenalarm!« zur Aufführung kommen, kann das gesamte Publikum zum Mitmachen aufgefordert werden. Kinder, die schon lesen können, erhalten eine Kopie vom Text, ehe alle gemeinsam in die Melodie des Sprechgesangs sowie in das rhythmische Klatschen eingewiesen werden. Bei stehendem Publikum werden auch die Ausfallschritte und die Bewegungen geübt! Das macht Laune!

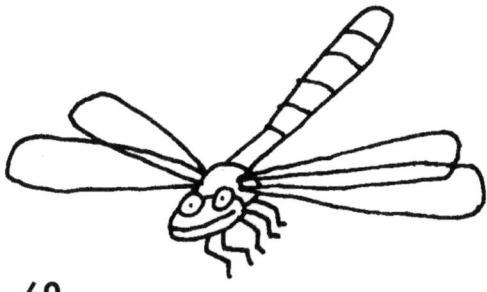

7   Ruhepausen für die Raupen

Nach dem tollen Auftritt mit ganz viel »action« am kleinen Teich sind Raupe Rabatz und Kumpel Raubauz erschöpft. Schwitzend und prustend lassen sie sich müde auf den Boden der Wasserbühne plumpsen und ruhen sich aus. Während sich das begeisterte Publikum zufrieden davon macht, fächeln die freundlichen Libellen Sing und Sang den beiden Rappern kühle Luft zu. Das tut gut! Rabatz und Raubauz schließen die Augen und seufzen tief. Sie genießen ihren Erfolg, die Sommernacht, den kühlen Luftzug der vibrierenden Libellenflügel, das Glucksen und Plätschern des kleinen Teiches ...

Kurze Pause für Raupen-Rapper

Wenn rappende Raupen oder andere kleine Hitzköpfe einer kleinen Ruhe- und Erholungspause bedürfen, aber zuerst einmal »die Kurve kriegen müssen«, dann hilft oft ein besänftigendes Liedchen nach der alt bekannten Melodie «Es war eine Mutter, die hatte vier Kinder».

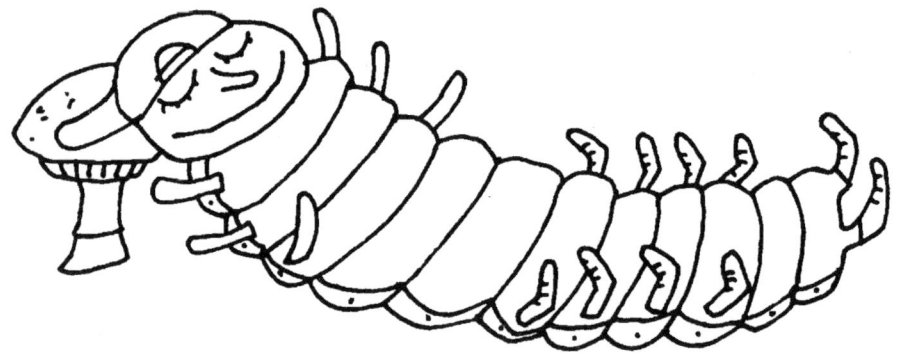

Durchführung: Die Kinder liegen ruhig, entspannt und bequem auf dem Boden eines verdunkelten Raumes und sind bereit, sich von Ihrem beruhigenden Gesang in eine Entspannungsphase geleiten zu lassen.

Die Raupen sind müde,
sie ruhen sich aus.
Sie träumen vom Rappen
und auch vom Applaus.
Sie machen 'ne Pause,
sie müssen nichts tun,
sie sammeln jetzt Kräfte
sie schlummern und ruh'n,

Die Kinder sind müde,
sie ruhen sich aus.
Sie träumen vom Rappen
und auch vom Applaus.
Sie machen 'ne Pause,
sie müssen nichts tun.
Sie sammeln jetzt Kräfte
sie schlummern und ruh'n,

Die Raupen und Kinder,
die ruhen sich aus.
Sie träumen vom Rappen
und auch vom Applaus.
Sie machen 'ne Pause,
sie müssen nichts tun.
Sie sammeln jetzt Kräfte
sie schlummern und ruh'n.

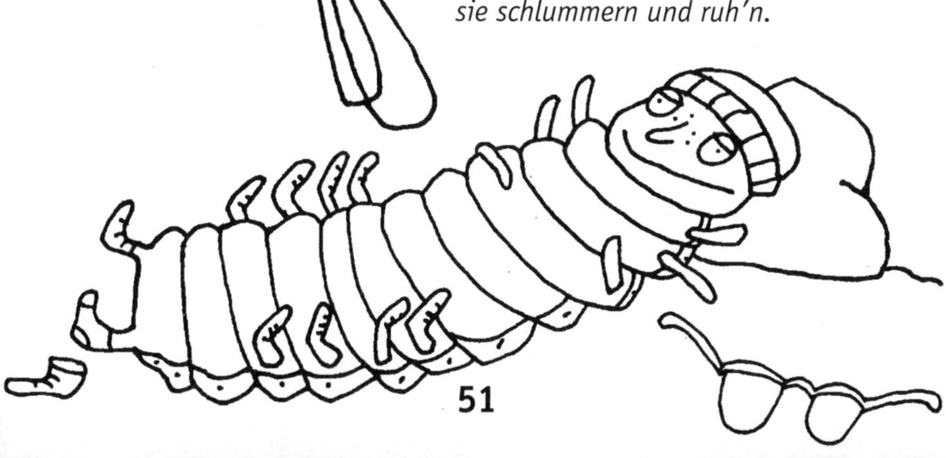

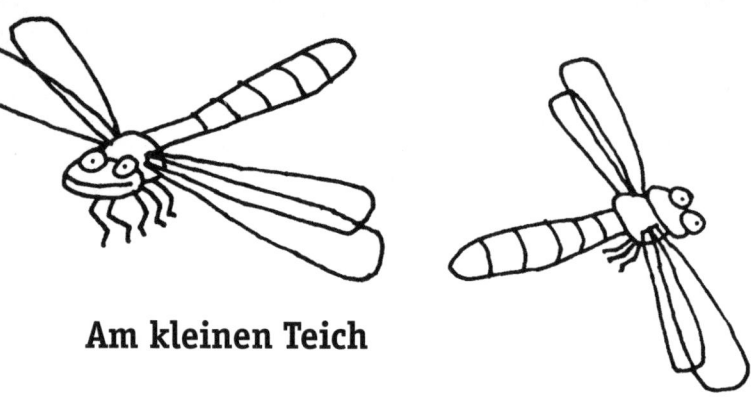

Am kleinen Teich

Eine meditative Ruhepause für kleine Raupen beruhigt, entspannt und weckt zugleich neue Kräfte und Lebensgeister.

Material: bequeme Bodenmatten, Decken, 1 Lampe, 1 Ventilator, 1 mit Wasser gefüllter Eimer, 1 Schöpfkelle

Durchführung: Die Kinder liegen ruhig, entspannt und bequem auf dem Boden. Verdunkelns Sie den Raum. In einer Ecke befindet sich eine Lampe, die das unaufdringliche, gelbe Mondlicht einer Sommernacht ausstrahlt. Ein Ventilator oder ein offenes Fenster sorgen für den Luftzug der Libellenflügel. In der Mitte des Raumes steht der gefüllte Wassereimer, den Sie beim Vorlesen an den passenden Stellen immer wieder leise zum Plätschern bringen.
Wenn die besinnliche Atmosphäre hergestellt und Ruhe eingekehrt ist, lesen Sie den Text »Am kleinen Teich« ruhig und besonnen vor. Bei der Zeile »Im Teich gluckst ...« simulieren Sie mit Schöpfkelle und Wassereimer das leise Plätschern und Glucksen im kleinen Teich.

Die Raupen liegen ganz ruhig und entspannt am kleinen Teich.
Sie ruhen sich für ein Weilchen aus und sammeln neue Kräfte.
Im Teich gluckst und plätschert es leise.

Der Mond leuchtet gelb und warm am Himmel.
Sanft und zart streicht ein Luftzug über den Körper.
Die Raupen fühlen sich wohl und träumen.
Sie ruhen sich für ein Weilchen aus und sammeln neue Kräfte.
Im Teich gluckst und plätschert es leise.

Die warme Sommernacht umhüllt die Raupen schützend und weich.
Zufrieden kuscheln und räkeln sie sich am Boden.
Die Raupen fühlen sich wohl und träumen.
Sie ruhen sich für ein Weilchen aus und sammeln neue Kräfte.
Im Teich gluckst und plätschert es leise.

Die Sterne funkeln und strahlen hell am Himmel.
Die Luft ist leicht und frisch und streichelt über den Körper.
Die Raupen fühlen sich wohl und träumen.
Sie ruhen sich für ein Weilchen aus und sammeln neue Kräfte.
Im Teich gluckst und plätschert es leise.

Der Mond und die Sterne zwinkern sich lächelnd zu.
Die Raupen strecken sich und werden langsam wach.
Sie fühlen sich wohl und erholt.
Ganz in Ruhe schauen sie sich um.
Im Teich gluckst und plätschert es leise.

Die Raupen richten sich ganz langsam auf.
Nun kann es mit neuen Kräften weitergehen!

8   Die Raupen ziehen los!

Rabatz und Raubauz haben sich ausgeruht. Sie öffnen die Augen und rappeln langsam sie sich auf. Dabei werden sie von den beiden Libellen Sing und Sang beobachtet. Noch ahnen die beiden Raupen nämlich nicht, dass sie eine große Überraschung erwartet.

Während die beiden am kleinen Teich vor sich hin gedöst haben, sind von überall her unzählige Raupen gekrochen gekommen und haben sich mucksmäuschenstill um die Wasserbühne versammelt. Aber jetzt gibt es natürlich kein Halten mehr. Allseits ertönt ein freudiges Raupen-Hallo! Natürlich muss solch ein überraschendes Raupentreffen gefeiert werden! Schwuppdiwupp, schon zieht die lange Raupen-Reihe singend durch den Garten. Kommt ihr mit?

Raupen-Reihe-Riesenspaß

Dieses zeitlich unbegrenzte Sing- und Bewegungs-spiel führt die Kinder durch die Natur nach der altbekannten Melodie:
»Fuchs, du hast die Gans gestohlen...«

Durchführung: Die Kinder ziehen wie bei einer Polonaise in einer langen Reihe singend durch den Garten, bis sich die Raupen-Reihe von selbst »erschöpft« hat.

Wir ziehen durch die weite Welt.
Wir kriechen durch das Gras.
Wir kriechen durch das Gras.
Wir ziehen unterm Himmelszelt.
Das macht uns Raupen Riesenspaß.
Wir ziehen unterm Himmelszelt.
Das macht uns Raupen Spaß!

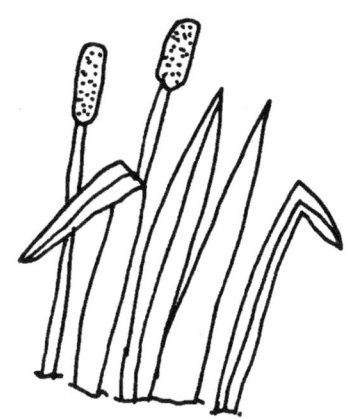

Wir ziehen über Stock und Stein.
Wir geben richtig Gas.
Wir geben richtig Gas.
Wir ziehen heute querfeldein.
Das macht uns Raupen Riesenspaß.
Wir ziehen heute querfeldein.
Das macht uns Raupen Spaß!

Wir ziehen durch die weite Welt.
Wir kriechen durch das Gras.
Wir kriechen durch das Gras.
Wir ziehen unterm Himmelszelt.
Das macht uns Raupen Riesenspaß.
Wir ziehen unterm Himmelszelt.
Das macht uns Raupen Spaß!

55

Raupe on tour

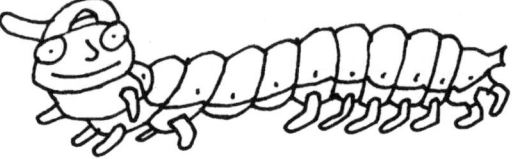

Genaues Hinhören, Konzentration sowie eine feste, regelmäßige Schritt- und Bewegungsabfolge geben hier den Takt vor und bilden zugleich die Grundlage desselben.

Material: Pro Kind 1 rotes Band und 1 blaues Band

Vorbereitung: Die Kinder werden in eine Rabatz- und eine Raubauz-Gruppe unterteilt. Die Rabatz-Gruppe bildet hintereinander stehend die Raupe. Die Raubauz-Gruppe stellt sich am Rande des Raumes in einer Reihe nebeneinander auf. Alle Kinder binden sich ihr rotes Band um den linken und ihr blaues Band um den rechten Arm, damit sie die richtigen Körper- und Schrittseiten leichter zuordnen können.

Durchführung: Zu Anfang üben alle Kinder den Rhythmus »links – klatsch – rechts – klatsch«. Bei »links« strecken sie die erhobenen, gestreckten Arme zur linken Seite und klatschen bei »klatsch« auf der linken Seite. Bei »rechts« strecken sich die erhobenen, gestreckten Arme zur rechten Seite und klatschen bei »klatsch« auf der rechten Seite.
Wenn der Seiten-Rhythmus bei allen Kindern sitzt, erklären Sie ihnen, dass eine Raupe nach einem genau festgelegten Schema langsam und besonnen vorwärts kriecht. Genauso soll sich nun die Rabatz-Gruppe durch den Raum fortbewegen. Den Rhythmus und das Tempo gibt die Raubauz-Gruppe mit »links – klatsch – rechts – klatsch« vor. Nach einiger Zeit werden die Rollen getauscht.

Raubauz-Kinder: Die Raubauz-Gruppe gibt mit »links – klatsch – rechts – klatsch« den Bewegungsablauf der Raupe vor. Alle Rabauz-Kinder stehen nebeneinander. Laut und akzentuiert sagen sie »links«. Dabei strecken sie die Arme auf der linken Seite nach oben und klatschen einmal fest in die Hände. Unmittelbar darauf fahren mit der Vorgabe »rechts« fort, strecken die erhobenen Arme zur rechten Seite nach oben und klatschen in die Hände. So geht es bis zum Rollentausch ununterbrochen weiter.

Rabatz-Kinder: Die Rabatz-Kinder bilden hintereinander stehend eine Raupe. Bei »links« setzen sie den linken Fuß vor und klatschen bei der Vorgabe »klatsch« zusammen mit den Raubauz-Kindern in die Hände. Bei »rechts« setzen sie den rechten Fuß vor und klatschen bei dem Signal »klatsch« wiederum in die Hände. Auf diese Weise bewegen sich die Rabatz-Kinder bis zum Rollentausch ununterbrochen durch den Raum.

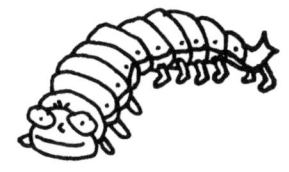

9   Kleine Raupen riesengroß!

Es ist schon weit nach Mitternacht. Selbst die Nachteule blinzelt jetzt müde mit ihren schweren Augenlidern. Nun wird es für die Raupen allerhöchste Zeit, ein paar Stunden zu schlafen. In alle Richtungen kriechen

und kreuchen die Raupen davon. Auch Rabatz und Raubauz machen sich auf die Suche nach einem gemütlichen Plätzchen zum Ausruhen. Sie brauchen vor allem ein sicheres Versteck, denn schließlich möchten sie nicht von einem gefräßigen Tier als Leckerbissen verspeist werden. Also verkriechen sich Rabatz und Raubauz in einem leeren Schneckenhaus, das sie vor Gefahren schützt. Bald schon werden die beiden Freunde ruhig und tief schlummern. Das steht fest. Und fest steht auch, dass Raupen zwar klein, aber riesig schlau, mutig und stark sind!

Rap von riesengroßen Kleinen

Die kleinen, trotzdem riesengroßen Raupen rappen hier im Sprechgesang. Der Rap von großartigen Kleinen macht Kindern Mut und stärkt ihr Selbstbewusstsein. Zugleich dient er der Identifikation, der Identitätsfindung sowie einer »starken« Persönlichkeitsentwicklung.

59

Material: Für 4 Kinder Baseballkappen, Wollmützen und Sonnenbrillen

Vorbereitung: Gemeinsam werden vier Kinder ausgewählt, die beim folgenden Rap mit ihrem Sprechgesang im Fokus stehen und in festgelegter Reihenfolge zum Zuge kommen. Die Rapper-Kinder verkleiden sich mit Baseballkappen, Wollmützen und Sonnenbrillen als Rapper.

Durchführung: Alle Kinder stehen in einem großen Kreis. Lesen Sie den gesamten Text für den Rap laut vor. Durch rhythmisches Klatschen erfassen und begleiten die Kinder den gesamten Sprechgesang. Danach üben sie den Refrain »Kleine Raupen riesengroß«, den sie gemeinsam rappen werden.

Die ausgewählten Rapper-Kinder brauchen etwas mehr Vorbereitungszeit. Sie müssen nämlich noch den Text für ihre Verse auswendig lernen und zu ihrem Sprechgesang rhythmisch passende Bewegungen oder Tanzschritte einstudieren. Je nach Fähigkeiten üben sie außerdem eine akrobatische Abschlussbewegung ein, mit der sie gekonnt in den großen Kreis zurücktreten.

Sind alle Kinder gut vorbereitet, kann der Raupen-Rap beginnen. Nach dem letzten Refrain werden vier neue Rapper-Kinder ausgewählt und der Rap von den riesengroßen kleinen Raupen kann erneut beginnen. Reimen und rappen Sie gemeinsam mit den Kindern weitere selbst kreierte Verse!

Gemeinsam

Kleine Raupen – riesengroß!
Wir sind stark und echt famos!
Kleine Raupen – riesengroß!
Wir sind stark und echt famos!

Gemeinsam

Kleine Raupen – riesengroß!
Wir sind stark und echt famos!
Kleine Raupen – riesengroß!
Wir sind stark und echt famos!

Gemeinsam

Kleine Raupen – riesengroß!
Wir sind stark und echt famos!
Kleine Raupen – riesengroß!
Wir sind stark und echt famos!

Gemeinsam

Kleine Raupen – riesengroß!
Wir sind stark und echt famos!
Kleine Raupen – riesengroß!
Wir sind stark und echt famos!

Gemeinsam

Kleine Raupen – riesengroß!
Wir sind stark und echt famos!

Kind 1

Ich bin klein und habe Mut,
ich pass' auf, bin auf der Hut!
Ich bin klein und habe Mut,
ich pass' auf, bin auf der Hut!

Kind 2

Ich bin klein und weiß genau,
ich bin nicht groß, doch klug und schlau!
Ich bin klein und weiß genau,
ich bin nicht groß, doch klug und schlau!

Kind 3

Ich bin klein, hab' Bärenkraft,
ich bin toll, hab viel geschafft!
Ich bin klein, hab' Bärenkraft,
ich bin toll, hab viel geschafft!

Kind 4

Ich bin klein und ich bin fit,
ich ruf' euch zu: Macht alle mit!
Ich bin klein und ich bin fit,
ich ruf' euch zu: Macht alle mit!

Kleine Raupen – riesengroß!
Wir sind stark und echt famos!

Kleine riesengroß gegen den Kummer

Gegen schlechte Laune, Ärger und Unzufriedenheit, gegen Kummer, Sorgen und Unwohlsein sind auch die Kleinsten nicht gefeit. Mit Mut, innerer Stärke und Zuversicht gilt es dem Stimmungstief zu begegnen und ihm zu trotzen. Ein Lied in Anlehnung an die bekannte Melodie »Ich bin ein kleines Pony« kann dabei ein hilfreicher und tröstender Begleiter sein.

Bin ich mal schlapp und traurig,
fühl ich mich richtig schaurig,
dann denk ich mir was aus,
und mach das Beste draus!

Bin ich mal schlapp und traurig,
fühl ich mich richtig schaurig,
dann werde ich aktiv,
vertreib das Stimmungstief!

Bin ich mal schlapp und traurig,
fühl ich mich richtig schaurig,
dann öffne ich mein Herz,
vertreibe so den Schmerz!

Bin ich mal schlapp und traurig,
fühl ich mich richtig schaurig,
dann kuschle ich mich ein,
schon bald wird's besser sein!

Bin ich mal schlapp und traurig,
fühl ich mich richtig schaurig,
dann schreite ich zur Tat,
und such mir einen Rat!

Bin ich mal schlapp und traurig,
fühl ich mich richtig schaurig,
dann wünsch ich mir das Glück,
und schon kommt es zurück!

10 Mit Pep in den Tag gerappt!

Die Raupe Rabatz gähnt. Dann reckt und streckt sie sich. Rabatz hat im leeren Schneckenhaus tief und fest geschlafen. Doch wo ist Kumpel Raubauz?

Plötzlich ertönt draußen lautes Gelächter. Rabatz reibt sich verwundert die Augen und blinzelt hinaus in den Sonnenschein: Da ist ja schon richtig was los!

Das Eichhörnchen schnarcht nicht mehr sein nächtliches Pitschidipüüühhh. Es springt bereits munter in den Ästen des Nussbaums herum. Die Amsel trällert fröhlich ihr Morgenliedchen. Die Fische im kleinen Teich schnappen nach Mücken. Aber was macht Raupe Raubauz? Er turnt doch tatsächlich auf einer Salatgurke herum und rappt vor einem begeisterten Publikum. Und das schon am frühen Morgen! Um die Gurke herum sitzen viele Zuschauer. Gespannt und voller Bewunderung beobachten sie Kumpel Raubauz bei seinem Tun. Und dann rappen sie sogar mit! Wie Spiegelbilder machen sie Raubauz alles nach, klatschen, singen und lachen. Diesen Morgen-Rap mit Pep will sich Rabatz nicht entgehen lassen. Und so kriecht sie flink aus ihrem Schneckenhaus heraus ins Freie. Los, kommt alle mit!

Ein Rap mit Pep!

Hier geht es wiederholt um Rhythmik und Sprachrhythmus, um die Verknüpfung von Lauten, Bewegungen und Geräuschen, um rhythmische Interaktion sowie um genaues und gezieltes Hinsehen und Hinhören. Beim »Rap mit Pep« gibt's aber in erster Linie etwas zu lachen und mit Sicherheit viel Spaß!

Material: Baseballkappen, Wollmützen, Big-Shirts, übergroße Kapuzenpullis, Sonnenbrillen

Durchführung: Alle Kinder stehen im Kreis zusammen. Gemeinsam wählen sie einen peppigen Raupen-Rapper aus, der in »coolem Outfit« in die Mitte geht. Ab sofort bestimmt er den Rhythmus, die Akzentuierung, die Bewegungen, die Mimik und den Sprechgesang. All das, was der peppige Raupen-Rapper vorgibt und vorführt, macht das Publikum nach. Dies gilt für alle Bewegungen und Tanzschritte, für jedes Klatschen und Schnipsen sowie für die Mimik und Gestik. Trägt der Raupen-Rapper seinen Sprechgesang vor, wiederholt das Publikum jeden einzelnen Versreim im gleichen Rhythmus und genauso lautstark. Natürlich kann dem Raupen-Rapper auch ein weiteres textsicheres Kind zur Seite gestellt werden, sollte dieser Schwierigkeiten mit dem Text haben. Zur Unterstützung können aber auch weitere peppige Raupen-Rapper ihren Frontmann mit eigenen Wortkreationen begleiten und abwechselnd oder gemeinsam das Publikum zum Mitrappen anfeuern.

Alles, was die Raupen-Rapper zum Besten geben, muss von den Zuschauern Silbe für Silbe mit jeder einzelnen Bewegung und jedem Tanzschritt im gleichen Rhythmus genauestens wiederholt werden.

Die Raupe ist ein kleines Tier,
doch groß im Rappen - glaube mir!

Die kleine Raupe rappt beschwingt,
sie klatscht dazu,
hört, wie das klingt!

Die kleine Raupe rappt und singt,
seht, wie sie ihren Körper schwingt!

Die kleine Raupe reimt und rappt,
das macht viel Spaß,
das knallt und peppt!

Die kleine Raupe legt jetzt los,
im Rappen ist sie riesengroß!

11   Regen, rege Raupen und Reime

Am Himmel ziehen schwere und dunkle Regenwolken auf. Bevor das Unwetter seinen Lauf nimmt, suchen sich die Tiere schnell noch ein sicheres und trockenes Plätzchen. Vom düsteren Himmel zucken die ersten Blitze herab. Die beiden Raupen Rabatz und Rabauz müssen sich beeilen! Da werden sie von einem dicken Regentropfen erwischt und geradewegs in ein kaum sichtbares Mauseloch hineingespült. In ihrem Versteck haben sie viel Spaß und denken sich viele Spiele aus. Sie bemerken gar nicht, wie das Unwetter weiterzieht.

Rege Raupen im Regen

Fingerspiele sind gut einprägsam und fördern
Kinder auf vielerlei Ebenen.
So werden neben
der Sprech- und

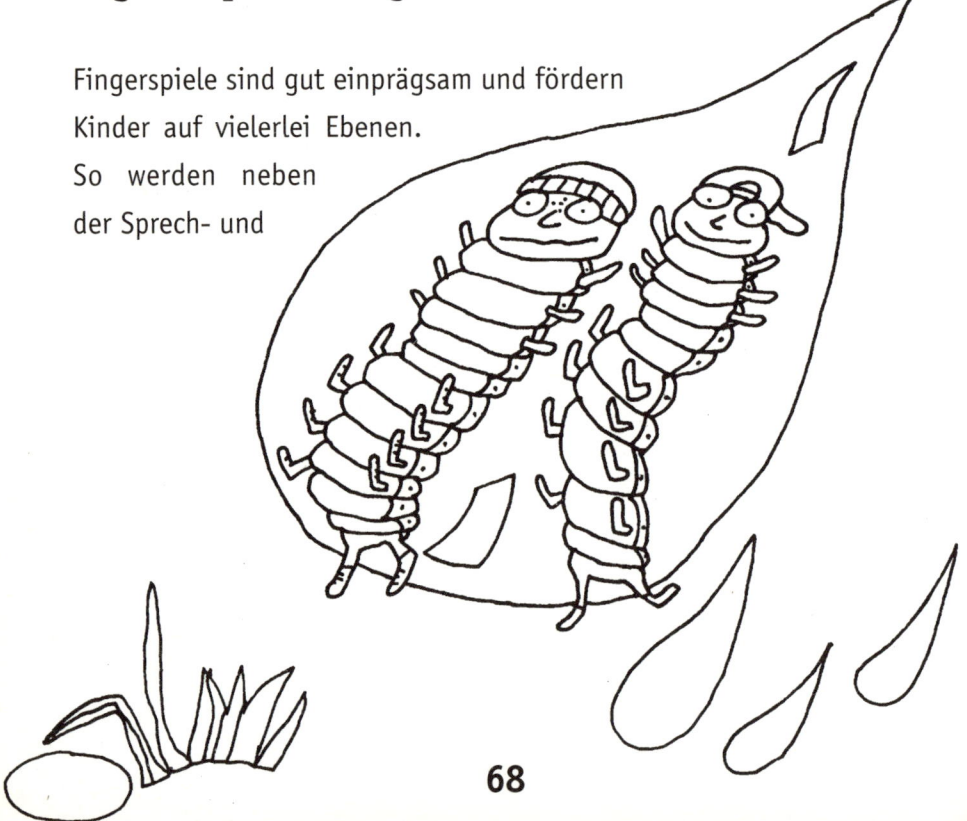

Sprachentwicklung das Konzentrations- und das Abstraktionsvermögen angeregt. Zugleich trainieren Fingerspiele die (feinmotorische) Beweglichkeit und Geschicklichkeit der Finger. Durch die unmittelbare Verknüpfung von Text und Tat werden Begriffe im wahrsten Sinne des Wortes besonders gut »be-griffen« und »be-greifbar« gemacht.

Durchführung: Alle Kinder sitzen am Tisch. In Anlehnung an die Melodie »Der Kuckuck und der Esel« bewegen sie die Arme, Hände und Finger, um den gehörten Liedtext feinmotorisch umzusetzen.
Wenn die Kinder den Text erlernt haben, wird das Lied gemeinsam gesungen. Natürlich wird der Liedtext dabei weiterhin mit Armen, Händen und Fingern umgesetzt und spielerisch anschaulich gemacht.

Der Regen fällt vom Himmel.
Es prasselt, tropft und rauscht.

Alle heben die Arme nach oben und senken sie mit bewegten Fingern langsam auf die Tischplatte herunter. Die Kinder trommeln mit den Fingerspitzen auf die Tischplatte und imitieren so das Regengeräusch.

Was machen jetzt die Raupen?
Was machen jetzt die Raupen?

Die Kinder trommeln weiterhin mit den Fingerspitzen auf die Tischplatte.

Sie kriechen los und suchen Schutz.
Sie suchen einen Schutz.

Jedes Kind bildet mit einer Hand eine Höhle. Der Zeigefinger der anderen Hand kriecht wie eine Raupe in die Höhle hinein, indem sie sich abwechselnd krümmt und streckt.

Der Sonne strahlt am Himmel.
Es tropft und rauscht nicht mehr.

Alle erheben die Arme nach oben und senken sie langsam auf die Tischplatte herunter. Die Hände liegen bewegungslos und ruhig auf der Tischplatte.

Was machen jetzt die Raupen?
Was machen jetzt die Raupen?

Sie freuen sich und trommeln laut.
Sie trommeln alle laut.

Die Kinder trommeln mit allen Fingerspitzen laut auf die Tischplatte.

Raupige Abzählreime

Hier kommen raupige Abzählreime in verschiedenen Versvarianten. Die Reime können spontan oder gezielt, beliebig oder vor Beginn eines Spiels im Kindergartenalltag zum Einsatz kommen.

Raupen hier und Raupen da.
Raupen find ich wunderbar!
Du bist hier, du bist dabei!
Du machst weiter, du bist frei!

Eine Raupe, frech und fit,
die kroch fort und du kommst mit!

Wer sitzt auf einem Blatt und singt?
Raupe Rabatz rappt beschwingt!
Wer macht mit, wer kommt jetzt dran?
Wo hält gleich mein Finger an?

Schmatz und Knabber, Raupenschmaus,
du bleibst steh'n, und du bist raus!

Eine Raupe, zwei, drei, vier,
viele Raupen warten hier!
Fünf, sechs, sieben, acht, neun, zehn,
gleich kommst du, dann darfst du geh'n!

12 Rätselhafte Raupen

Raupe Rabatz und Kumpel Raubauz machen sich schon wieder einmal hungrig auf den Weg, um knackiges Gemüse und Grünzeug zu futtern. Es ist sehr wichtig, dass die beiden Raupen regelmäßig fressen, denn schließlich steht ihnen in den nächsten Wochen noch eine große Verwandlung bevor: Aus den kleinen Raupen werden nämlich wunderschöne Schmetterlinge!

Und plötzlich spinnt die Raupe!
Im Gegensatz zur Raupe ist die Puppe nahezu unbeweglich, da sie ja nun in einer kapselartigen

Körperhülle steckt. In dieser Ruheposition vollziehen sich an und im Innern der Puppe entscheidende Entwicklungsschritte: Es bilden sich die Anlagen für die Flügel, Beine, den Hinterleib, die Augen und Schmetterlingsorgane. Sind alle Entwicklungsprozesse abgeschlossen, platzt der Kokon und ein Schmetterling kommt zum Vorschein.

Mit Rätseln und Reimen rund um Raupen

Da die Entwicklung einer Raupe zum fertigen Schmetterling ein besonderes und interessantes Phänomen ist, sollten sich die Kinder hierüber mit geeignetem Bild-, Betrachtungs- und Anschauungsmaterial zum Thema »Von der Raupe zum Schmetterling« informieren. So können Sie das Raupenspiel gemäß dem Wissensstand der Kinder beliebig oft wiederholen und immer wieder mit anderen oder neuen Fragestellungen erweitern. Das Raupen-Rätselspiel ist sowohl drinnen als auch draußen durchführbar.

Vorbereitung: Die begehbaren Raupen Rabatz und Raubauz werden mittels aneinander gelegter Holz- oder Gymnastikreifen auf dem Boden dargestellt. Alternativ können auch mehrere Kreise mit Kreide auf den Boden gemalt werden.

Durchführung: Die Kinder bilden eine Rabatz- und eine Rabautz-Gruppe. Beide Gruppen haben jeweils die gleiche Teilnehmeranzahl und stellen sich vor ihre Raupe. Lesen Sie langsam, deutlich

73

und akzentuiert den ersten Ergänzungsreim vor. Das fehlende Reimwort müssen die Kinder erraten und so schnell wie möglich laut rufen.

Das Kind, welches als Erstes richtig geraten hat, darf sich auf das erste Spielfeld seiner Gruppen-Raupe stellen und ist vom weiteren Mitraten ausgenommen. Ist das zuerst zugerufene Wort falsch, wird der Rätselreim so oft wiederholt, bis der gesuchte Begriff gefunden ist.

Nun kommt das nächste Rätsel. Wer richtig rät, darf wiederum auf das erste Feld seiner Gruppen-Raupe. Ist dies bereits besetzt, rückt der dort stehende Vordermann ein Feld in Richtung Raupenkopf vor. Die Gruppe, die zuerst über den Raupenkopf vorgerückt ist, hat gewonnen!

Die Raupe knabbert, frisst sich rund,
das hat bei Raupen einen ... (Grund!)
Die Raupe ist ein kleines Ding,
aus ihr wird mal ein ... (Schmetterling!)
Die Raupe sammelt sehr viel Kraft,
damit sie die Verwandlung ... (schafft!)
Die Raupe sucht sich einen Ort,
an dem sie bleibt: Sie geht nicht ... (fort!)
Die Raupe, die ist gar nicht dumm,
sie baut ein Nest um sich ... (herum!)
Die Raupe will es wirklich wagen,
spinnt 'nen Kokon aus Blatt und ... (Faden!)
Die Raupe ist fast eingebunden,
und bald schon im Kokon ... (verschwunden!)
Die Raupe ist jetzt unsichtbar,
dank dieser Hülle: Das ist ... (klar!)

Die Raupe ruht, sie heißt jetzt Puppe,
doch das ist Raupen völlig ... (schnuppe!)
Die Puppe hängt am Zweig ganz still,
weil sie sich nun verwandeln ... (will!)
Es dauert Tage, dauert Wochen,
dann kommt etwas heraus ... (gekrochen!)
Keine Raupe! Ein Insekt,
das plötzlich seine Fühler ... (reckt!)
Das Tier ist klein, hat bunte Flügel:
Ein Schmetterling fliegt hin zum ... (Hügel!)
Das grenzt ja fast an Hexerei,
doch die Verwandlung ist ... (vorbei!)
Es gibt nun keine Raupe mehr,
doch Schmetterlinge mag ich ... (sehr!)
Raupe, Puppe, Schmetterling:
So ist's gewesen, welch' ein ... (Ding!)
Wenn ihr mal eine Raupe seht,
dann wisst ihr nun, wie all das ... (geht!)
Auch wir Kinder sind erst klein,
werden bald schon größer ... (sein!)
Kinder wachsen, werden schlau,
ja, das weiß ich ganz ... (genau!)
Nun ist Schluss, wir sind am Ziel:
Es ist aus, das Raupen... (Spiel!)

75

13 Kreuz und quer

Raupe Rabatz und Kumpel Raubauz haben es sich um die Mittagszeit im Schatten des duftenden und blühenden Schmetterlingstrauches gemütlich gemacht. Aufmerksam beobachten sie das bunte Treiben um sie herum: Schmetterlinge in allen Farben und Formen fliegen kreuz und quer durch die Lüfte, flattern von Blütendolde zu Blütendolde und saugen mit ihren kleinen Rüsseln den süßen Nektar aus den einzelnen Blüten.

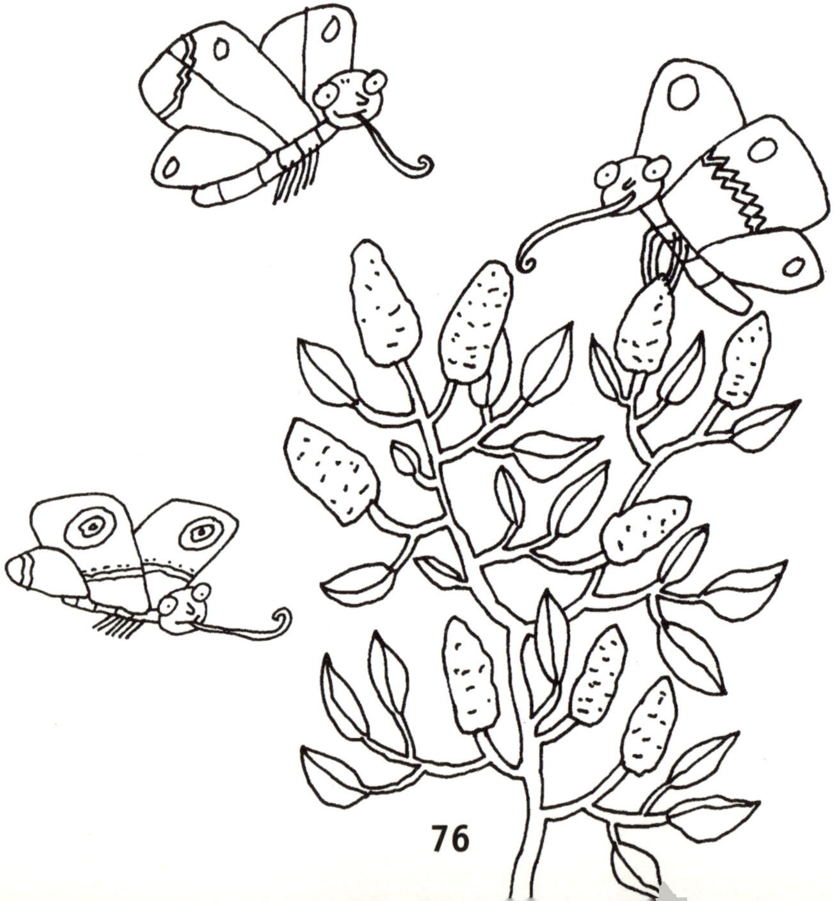

Rabatz schaut ihren Kumpel Raubauz nachdenklich an und sagt etwas ungläubig: »Wenn ich dich jetzt so angucke, dann kann ich mir gar nicht vorstellen, dass du erst ein kleines Ei warst und bald als bunter Schmetterling durch die Welt flattern wirst.«

»Und wenn ich dich so angucke, dann kann ich mir gar nicht vorstellen, dass du bald ebenso schön wie diese Schmetterlinge sein wirst und dann leicht wie eine Feder von Blüte zu Blüte schweben kannst«, antwortet Kumpel Raubauz.

Eine Weile schauen sich die beiden kritisch an. Und dann? Dann beginnen die beiden erst zu grinsen, dann zu kichern und schließlich prusten sie gleichzeitig los. Vor lauter Lachen kullern die beiden Raupen kreuz und quer über den Boden.

Der Schmetterling und sein Körper

Der Schmetterlingskörper setzt sich aus Kopf, Brust und Hinterleib zusammen. Am Kopf befinden sich zwei Fühler und die beiden großen Komplexaugen. Auf der Unterseite des Brustteils lassen sich beim Schmetterling drei Beinpaare erkennen, die meist ziemlich lang und dünn sind. Auf der Oberseite des Bruststücks setzen die beiden Flügelpaare an.

Body-Percussion

In dieser Body-Percussion spielen die Silbenbetonung, geflüsterte oder völlig lautlos formulierte Wortsilben sowie die Vorgaben »rechts«, »links«, »kreuz« und »quer« eine wahrhaft »ausschlaggebende« Rolle.

Durchführung: Die Kinder sitzen in einem großen Kreis. In der folgenden Aktion wird das Wort »Schmetterling« in einzelne Silben zerlegt und damit rhythmisch klatschend gearbeitet. Das heißt: Den stummen, lauten, leisen oder betont ausgesprochenen Silben werden bestimmte Bewegungen, Richtungen und Aufgaben zugeordnet. Zur Orientierung erhalten die Kinder für das linke Handgelenk ein rotes Armband und für das rechte Handgelenk ein blaues. Als Einstieg und Abschluss empfiehlt sich immer Schritt I der Body-Percussion. Die weiteren Schritte können fortlaufend oder in beliebiger Reihenfolge durchgeführt werden. Natürlich darf die Percussion auch um einige Schritte verkürzt oder erweitert werden.

Schritt 1:

Alle Kinder sprechen gemeinsam, langsam und laut die Silben »Schmet-ter-ling«. Bei »Schmet-ter« schlagen sie sich 2 x mit beiden Händen gleichzeitig auf die Oberschenkel. Bei der besonders betont ausgesprochenen Silbe »ling« schlagen sie sich mit überkreuzten Armen 1 x auf beide Schultern. Dieser Ablauf wird 4 x durchgeführt.

Schritt 2:

So leise wie möglich flüstern alle gemeinsam »Schmet-ter-ling« und schlagen sich hierzu im bei »Schmet-ter« 2 x mit beiden Händen gleichzeitig auf die Oberschenkel. Bei »ling« schlagen sie mit überkreuzten Armen 1 x kräftig auf beide Schultern. Dieser Ablauf wird 4 x durchgeführt.

78

Schritt 3:

Völlig lautlos formen die Kinder das Wort »Schmet-ter-ling mit dem Mund. Hierzu schlagen sich bei »Schmet-ter« 2 x mit beiden Händen gleichzeitig auf die Oberschenkel. Bei »ling« schlagen sie mit über-kreuzten Armen 1 x auf beide Schultern. Dieser Ablauf wird 4 x in Folge durchgeführt.

Schritt 4:

Alle sprechen gemeinsam, langsam und laut »Schmet-ter-ling« und schlagen sich hierzu bei »Schmet-ter« 2 x mit beiden Händen gleich-zeitig auf die eigenen Oberschenkel. Bei der besonders betonten Wortsilbe »ling« schlagen sie mit beiden Händen 1 x auf die Ober-schenkel ihres rechten Sitznachbarn. Dann kehren die Hände zum eige-nen Körper zurück. Dieser Ablauf wird 4 x in Folge durchgeführt.

Schritt 5:

Flüsternd sprechen alle gemeinsam die Silben »Schmet-ter« und schla-gen sich dabei 2 x mit beiden Händen gleichzeitig auf die eigenen Oberschenkel. Die Silbe »ling« wird laut und betont ausgesprochen. Dabei wird mit beiden Händen 1 x auf die Oberschenkel des rechten Sitznachbarn geklatscht. Dann kehren die Hände zum eigenen Körper zurück. Dieser Ablauf wird 4 x in Folge durchgeführt.

Schritt 6:

Die Kinder wiederholen die Schritte 4 und 5. Bei der Silbe »ling« wird diesmal jedoch mit beiden Händen 1 x auf die Oberschenkel des linken Sitznachbarn geklatscht.

Schritt 7

Nun folgt ein Schlagabtausch im Wechsel, bei dem höchste Konzentration gefordert ist.

Alle schlagen sich bei »Schmet-ter« 2 x mit beiden Händen gleichzeitig auf die eigenen Oberschenkel. Die Silbe »ling« wird betont ausgesprochen. Dabei klatschen alle mit beiden Händen auf die Oberschenkel ihres rechten Sitznachbarn. Dann kehren die Hände zum eigenen Körper zurück und ein weiterer Durchlauf beginnt. Doch diesmal kommt bei der Silbe »ling« der linke Sitznachbar an die Reihe.

Dieser Ablauf wird 8 x in Folge wiederholt. Dabei wird im Wechsel auf den Oberschenkel des linken oder rechten Sitznachbarn geschlagen, so dass sich am Schluss alle je 4 x rechts und 4 x nach links gewendet haben.

Schritt 8

Die Body-Percussion »Kreuz und quer« endet stets so, wie sie begonnen hat – und zwar am eigenen Leibe mit Schritt 1.

Step by Step: Reifen im Reifen

In dieser spielerischen Aktion werden »Step by Step« die wesentlichen Entwicklungsstufen eines Schmetterlings vom Ei bis zum ausgebildeten, flugfähigen Insekt verdeutlicht und »schrittweise« beim »Reifen im Reifen« begreiflich gemacht. Dabei üben die Kinder zugleich auch das für die Psychomotorik so wichtige Rückwärtsgehen. Das Spiel lässt sich sowohl drinnen als auch draußen durchführen.

Material: 4 Gymnastik- oder Holzreifen (alternativ mit Kreide 4 Kreise auf den Boden malen)

Durchführung: Auf dem Boden werden vier Reifen in einer Reihe als begehbare Strecke ausgelegt. Jeder Reifen steht für einen Entwicklungsschritt der Raupe vom Ei zum ausgebildeten Insekt. Nacheinander geht jedes Kind allein »Step by Step« durch die Reifen, während die anderen Kinder in Versform die Abfolge der Entwicklungsschritte vorgeben (mit Pausen zwischen den einzelnen Schritten). Langsam und bedacht geht das Kind zunächst vier Felder vor. Von Step 5 geht es ohne Unterbrechung alle Felder flink und flott im Rückwärtsgang zurück, bis es sich wieder an seiner Ausgangsposition befindet und der nächste Kandidat an der Reihe ist.

Step 1:

Vorwärts geht es nun voran:
Erster Schritt, das Ei ist dran!

Step 2:

Mit der Raupe geht es heiter
ein Feld nach vorn, ein Stückchen weiter!

Step 3:

Es folgt die Puppe hier und jetzt:
Das nächste Feld wird nun besetzt!

Step 4:

Der nächste Schritt bedeutet viel:
Als Schmetterling bin ich am Ziel!

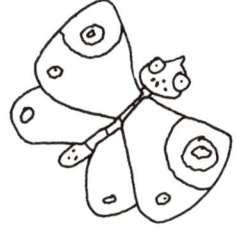

Step 5:

Im Rückwärtsgang bin ich dabei:
Schmetterling, Puppe, Raupe, Ei!

14 Ein tolles Ding!

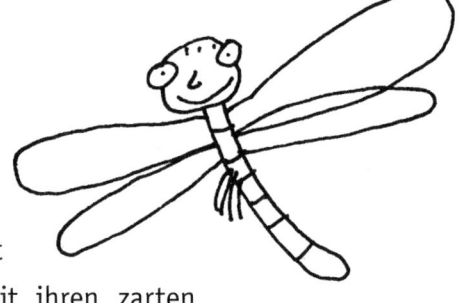

Die Libellen Sing und Sang wecken die beiden Raupen, die unter dem schützenden Blätterdach des Schmetterlingsstrauches eingedöst sind. »Wacht auf!«, rufen sie mit ihren zarten Stimmchen und surren dabei aufgeregt mit den Flügeln. »Wacht auf! Wir wollen euch etwas zeigen!«

Verwundert blinzeln Rabatz und Raubauz den beiden Libellen hinterher. Sie sind unterwegs zum kleinen Teich. Was es da wohl Interessantes zu sehen gibt? Neugierig kriechen die Raupen den Libellen hinterher und erreichen nach kurzer Zeit den kleinen Teich. Alle Fische strecken ihre Köpfe aus dem Wasser heraus. Aufgeregt hüpft die Amsel am Ufer hin und her, während das Eichhörnchen auf den Ästen der Trauerweide einen Purzelbaum nach dem andern schlägt.

»Seht nur!«, rufen die Libellen Sing und Sang wie aus einem Munde. Dabei schwirren sie unentwegt um ein komisches Ding herum, welches vom Ast der Trauerweide herunterhängt. »Seht nur!«

»Was kann das nur sein? Was kann das nur sein?«, zetert die Amsel.

»Was ist denn das? Was ist denn das?«, blubbern die Fische, woraufhin das Eichhörnchen einen doppelten Salto schlägt, so dass das merkwürdige Ding gefährlich hin und her baumelt.

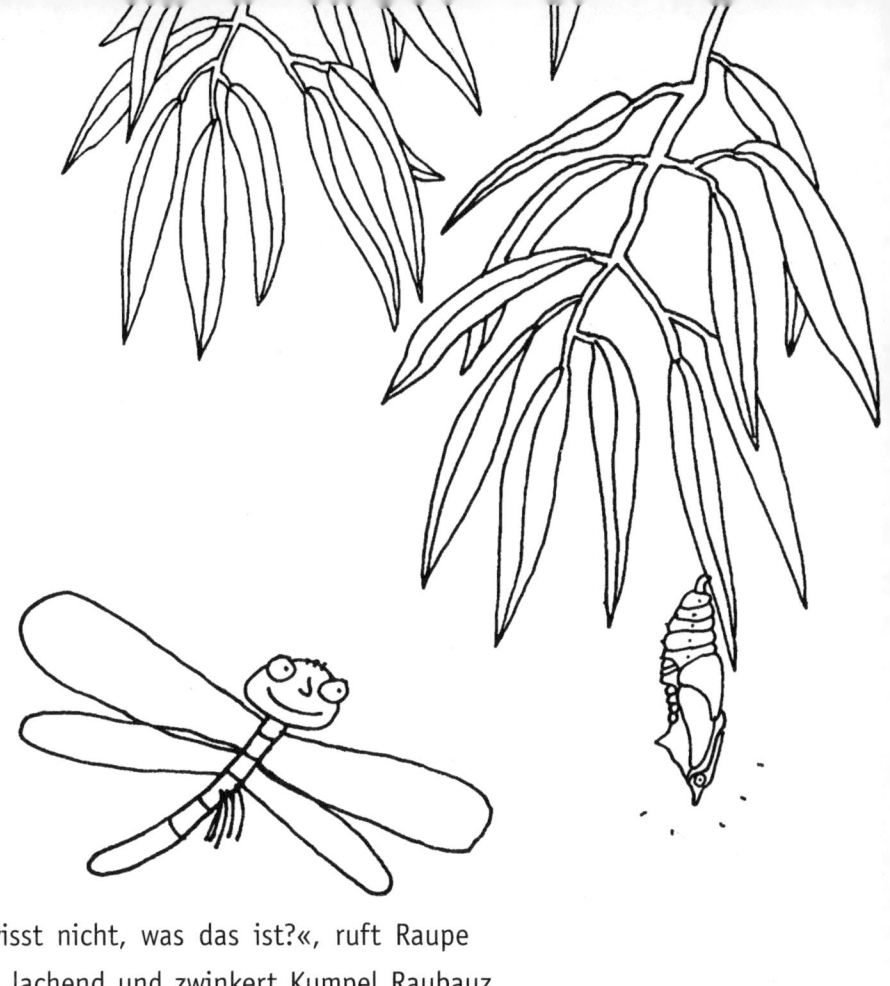

»Ihr wisst nicht, was das ist?«, ruft Raupe
Rabatz lachend und zwinkert Kumpel Raubauz
zu. »Dann hört uns mal ganz genau zu!« Die
beiden Raupen räuspern sich und
singen ein Lied, das alles erklärt:

Raupe klein, puppt sich ein

In Anlehnung an die Melodie von »Hänschen klein« singen die Kinder
das folgende Lied. Natürlich dürfen sie den Text auch als Sprechgesang
einüben.

Raupe klein, puppt sich ein,
will ein Schmetterling bald sein.
Hängt sich fest ins Geäst,
kaum sich sehen lässt.
So bleibt sie 'ne lange Zeit,
endlich ist es dann so weit:
Kokon bricht, es wird Licht.
Doch wo ist der Wicht?

Raupe klein, puppt sich ein,
will ein Schmetterling bald sein.
Hängt sich fest ins Geäst,
kaum sich sehen lässt.
So bleibt sie 'ne lange Zeit,
endlich ist es dann so weit:
Seht nur hin: Schmetterling!
Welch ein feines Ding!

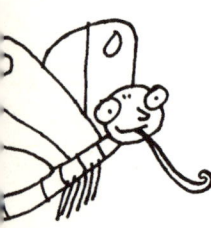

Raupe klein, gibt's nicht mehr,
bunte Flügel leuchten sehr.
Sie wurd' nun ein Insekt,
das die Fühler reckt.
Raupe, Puppe, Schmetterling,
ist das nicht ein tolles Ding?
Ja so ist's, so soll's sein.
Drum puppt sie sich ein!

Kinder im Kokon!

Die Mischung aus Bewegungslosigkeit und Bewegung, Konzentration und Wahrnehmung mit allen Sinnen kennzeichnet dieses Spiel. Gleichzeitig macht es die Befindlichkeit einer Schmetterlingspuppe und den Entwicklungsprozess von der Puppe zum Schmetterling für die Kinder nachvollziehbar und erfahrbar.

Material: 1 Schwungtuch oder mehrere leichte Bettlaken

Durchführung: In der Mitte des Raumes liegt das Schwungtuch auf dem Boden ausgebreitet. Erklären Sie den Kindern, dass es symbolisch die schützende Hülle eines Kokons darstellt, in welchem sich die Puppen des Schmetterlings befinden.
Nun werden die Kinder in zwei Gruppen aufgeteilt. Eine Gruppe kriecht unter das Tuch. Dort verharren die Kinder wie Schmetterlingspuppen im Kokon. Ruhig und bewegungslos liegen sie auf dem Boden.
Die anderen Kinder knien sich rund um das Schwungtuch. Per Sprechgesang geben sie die Bewegungsabläufe vor, welche die Schmetterlingspuppen im Kokon ausführen. Zur Begleitung des Sprechgesangs wird rechts und links im Wechsel mit den Fingern geschnipst. Am Ende eines jeweiligen Verses müssen die verpuppten Raupen im Kokon erst wieder vollständig zur Ruhe kommen, bevor es mit den Anweisungen weitergeht. Zum Schluss fliegen die Kinder wie Schmetterlinge durch den Raum und tauschen ihre Rollen.

Ruhig und starr, so still wie nie,
im Kokon: Da liegen sie!

Nichts bewegt sich, alles ruht.
Ja, das tut den Puppen gut.
Nichts bewegt sich, alles ruht.
Ja, das tut den Puppen gut.

Ruhig und starr, so still wie nie,
im Kokon: Da liegen sie!

Plötzlich hebt sich nun ein Bein,
auf und ab, ganz sacht und fein!
Plötzlich hebt sich nun ein Bein,
auf und ab, ganz sacht und fein!

Ruhig und starr, so still wie nie,
im Kokon: Da liegen sie!

Plötzlich wackelt eine Hand,
hoch gestreckt unterm Gewand.
Plötzlich wackelt eine Hand,
hoch gestreckt unterm Gewand.

Ruhig und starr, so still wie nie,
im Kokon: Da liegen sie!

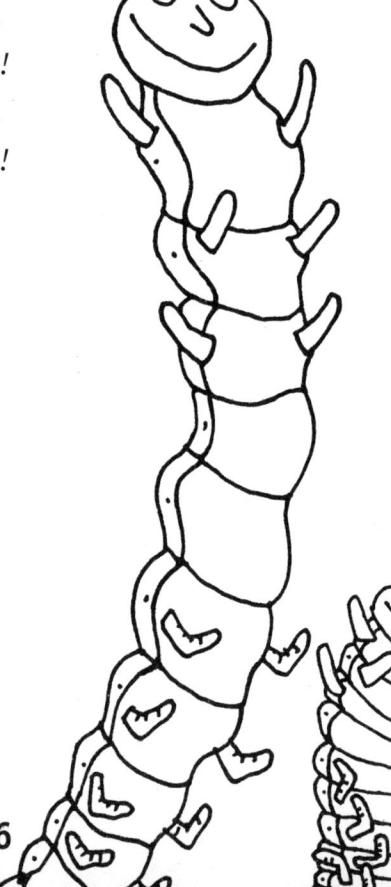

Plötzlich wackeln Köpfe sehr.
Ja, sie dreh'n sich hin und her!
Plötzlich wackeln Köpfe sehr.
Ja, sie dreh'n sich hin und her!

Ruhig und starr, so still wie nie,
im Kokon: Da liegen sie!

Sie stehen auf, sie flattern fort,
sie schweben weg von diesem Ort.

Die Flügel schlagen auf und nieder:
Die Schmetterlinge fliegen wieder!
Die Flügel schlagen auf und nieder:
die Schmetterlinge fliegen wieder!

Plötzlich kommt das große Zappeln,
weil Insekten sich berappeln!
Plötzlich kommt das große Zappeln,
weil Insekten sich berappeln!

Jetzt liegt keiner mehr dort still,
weil jeder schnell nach draußen will!

Sie krabbeln fort nach allen Seiten,
um die Flügel auszubreiten.
Sie krabbeln fort nach allen Seiten,
um die Flügel auszubreiten.

15 Ein Abschied auf Zeit

Im Spätsommer werden die beiden Raupen Rabatz und Raubauz von Tag zu Tag unruhiger. Die Freunde spüren ganz genau, dass bald eine Veränderung mit ihnen geschehen wird. Endlich werden sie sich zu bunten Schmetterlingen entfalten. Einstmals waren sie als winzige Raupen aus kleinen Eiern gekrochen, die ein Schmetterling an die Unterseite eines Blattes geklebt hatte. Nun wird es also höchste Zeit, sich einen geschützten Ort zu suchen und sich in einem schützenden Kokon zu verpuppen. Doch vorher möchten sie sich von all ihren Freunden verabschieden. Als bewegungslose Puppen werden sie viele Tage weder zu hören noch zu sehen sein.

Als alle Freunde im Garten versammelt sind, bilden sie gemeinsam einen großen Kreis. Mit einem lauten »Tschüss, macht's gut und bleibt gesund!« verabschieden sie sich voneinander. Reiht euch ein in diesen Kreis!

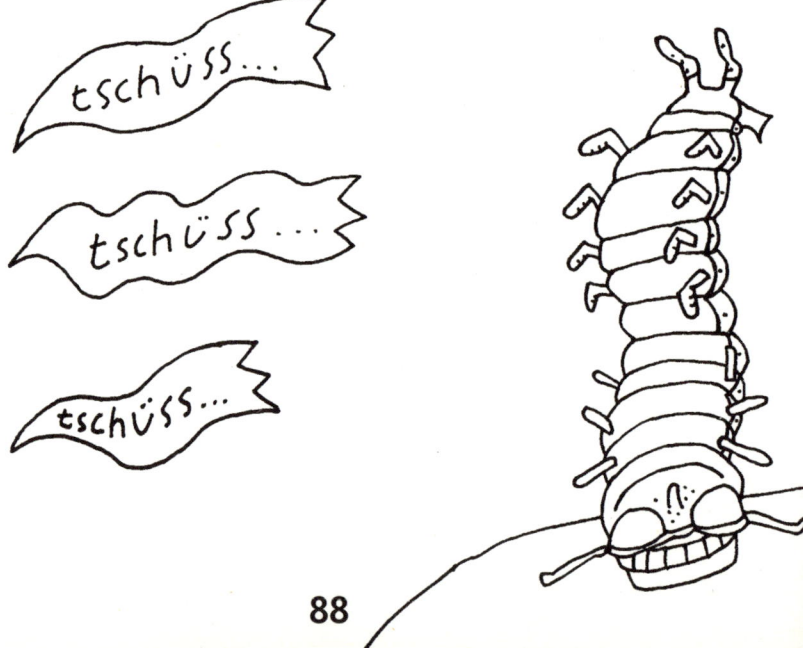

Für jeden Falter die richtigen Flügel

Schmetterlingsflügel unterscheiden sich: Schwärmer und andere Langstreckenflieger haben schmale, lange und schnittige Flügel. Tagfalter müssen den Vögeln entkommen und haben deshalb eher breite und runde Flügel, die sich für blitzschnelle Wendemanöver eignen. Die Flügel der Schmetterlinge sind mit farbigen Schuppen bedeckt sind. Die Muster und Zeichnungen dienen in erster Linie zur Abschreckung von Feinden oder zur Tarnung.

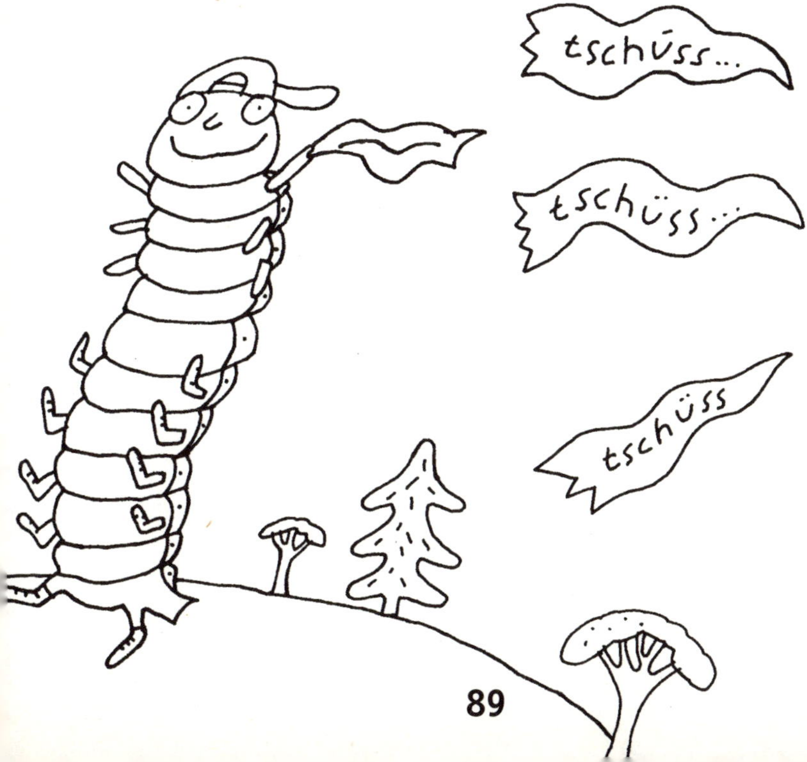

tschüss...

tschüss...

tschüss

Tschüss, macht's gut!

In einem großen Abschlusskreis wird die Ära der Raupe beendet und die endgültige Verwandlung zum Schmetterling eingeläutet. Hierzu singen die Kinder nach der Melodie von »Lustig ist das Zigeunerleben« ein Lied oder wählen die Form des Sprechgesangs.

Abschiedslied: Tschüss, macht's gut!

Durchführung: Die Kinder bilden eine großen Kreis und halten sich an den Händen. Der Satz »Tschüss, macht's gut und bleibt gesund!«, mit dem jede Strophe beginnt, wird winkend gesungen. Bei »faria, faria ...« fassen sich alle wieder an den Händen und laufen den Rest der Strophe singend im Kreis herum.

Tschüss, macht's gut und bleibt gesund!
Faria, faria ho!
Die Raupen tun es uns allen kund.
Faria, faria ho!
Sie werden sich nun verstecken
und ruh'n an sicheren Flecken.
Faria, faria, faria, faria, faria, faria ho!

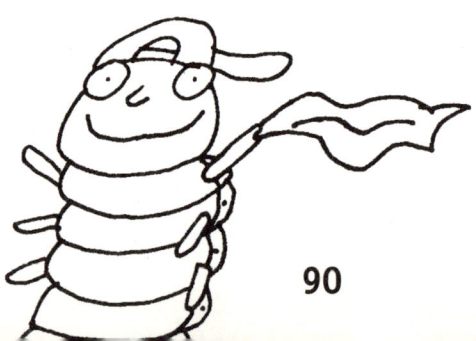

Tschüss, macht's gut und bleibt gesund!
Faria, faria ho!
Die Raupen tun es uns allen kund.
Faria, faria ho!
Sie werden nicht mehr zu sehen sein,
sie wickeln sich nun in Hüllen ein.
Faria, faria, faria, faria, faria, faria ho!

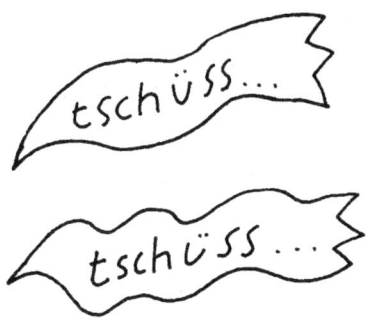

Tschüss, macht's gut und bleibt gesund!
Faria, faria ho!
Die Raupen tun es uns allen kund.
Faria, faria ho!
Wir seh'n sie wieder - wirklich wahr -
als Schmetterlinge wunderbar.
Faria, faria, faria, faria, faria, faria ho!

Durchführung als Rap: Die Kinder stehen in einem großen Kreis. Alle klatschen oder schnipsen mit den Fingern den Rhythmus vom Lied »Lustig ist das Zigeunerleben«. Nach einer Weile setzt der Sprechgesang ein, während alle zusammen weiterklatschen oder schnipsen. Die Silben »faria« werden laut betont, während das »ho« besonders lang gezogen wird. Dabei bewegt jedes zweite Kind beide Arme analog zum Sprechrhythmus vor und zurück, um dann wieder klatschend oder schnipsend in den gesamten Rhythmus einzufallen.

Abschlussgeschichte

Ein tolles Fest!

Auf dem Spielplatz ist es still geworden. Alle Kinder, die hier vorhin noch gelacht, gespielt und getobt haben, sind nach Hause gegangen. Langsam senkt sich die Dunkelheit wie ein seidenes Tuch über den verlassenen Platz.

Aus dem angrenzenden Garten kommen zwei kleine, putzmuntere Insekten über den Zaun geflogen: Die beiden Schmetterlinge Rabatz und Raubauz sind noch unterwegs! Lautlos flattern sie in Richtung der großen, roten Rutsche. Ihr denkt jetzt bestimmt, die Schmetterlinge wollten rutschen gehen, oder? Sicherlich wäre das ein lustiger Anblick und ein großes Vergnügen für uns alle. Aber die neugierigen und abenteuerlustigen Freunde lassen sich auf den Sprossen der Rutschbahnleiter nieder und falten ihre wunderschönen, bunten Flügel zusammen.

»Weißt du noch, wie hier alles mit dem Rappen und dem Reimen angefangen hat?«, fragt Raubauz und wackelt aufgeregt mit seinen Fühlern. Rabatz nickt und kichert. Natürlich erinnert er sich daran, wie sie als Raupen unter dem Zaun hindurch gekrochen sind und neben der roten Rutschbahn eine Baseballkappe entdeckt hatten. Ihr erinnert euch doch sicher auch noch daran, oder?

Plötzlich werden die Schmetterlinge von sanften Flügelschlägen und einem leisem Rascheln aus ihren Gedanken gerissen. Nachtfalter Otti landet neben ihnen auf der Stange und die Fledermaus Fritz hängt sich kopfüber an eine andere Sprosse. Auch der Igel und die gesamte Familie Maus haben sich am Fuße der Rutschbahn versammelt. Was hat das alles zu bedeuten?

»Überraschung!«, tönen alle im Chor. Rabatz und Raubauz sind verdutzt. Der Igel grinst und trollt sich sogleich zielstrebig in das Gestrüpp unter der Hecke. Es knackt und raschelt eine Weile. Dann kommt der stachelige Geselle wieder zum Vorschein und zieht schnaufend ein merkwürdiges Objekt hervor. Irgendwo haben die beiden Schmetterlinge so etwas schon einmal gesehen ... Na klar! Es ist die Baseballkappe, unter der die Raupenfreunde in jener Nacht all ihre tollen Lieder und Reime, ihre Raps und Hip-Hops erfunden haben! Aber dass ihre Freunde die Kappe am nächsten Morgen im Gebüsch versteckt hatten, das haben sie nicht gewusst! Diese Überraschung ist gelungen und die Freude darüber groß!

Es dauert nicht lange und alle beginnen zu musizieren, zu singen, zu tanzen, zu rappen und zu reimen! Das Eichhörnchen trommelt den Takt. Der dicke Frosch und die betagte Frau Grille bilden mit lautem Quaken und frechem Zirpen eine einzigartige Geräuschkulisse. Die Libellen Sing und Sang surren und tanzen. Die Molche klatschen auf den Hinterfüßchen stehend den Rhythmus und reimen einen Sprechgesang. Familie Maus fiept und pfeift dazu aus vollem Halse. Nachtfalter Otti brummt den Bass, die Fledermaus Fritz turnt akrobatisch auf der Rutsche herum und die Glühwürmchen strahlen vor lauter Begeisterung heller denn je!

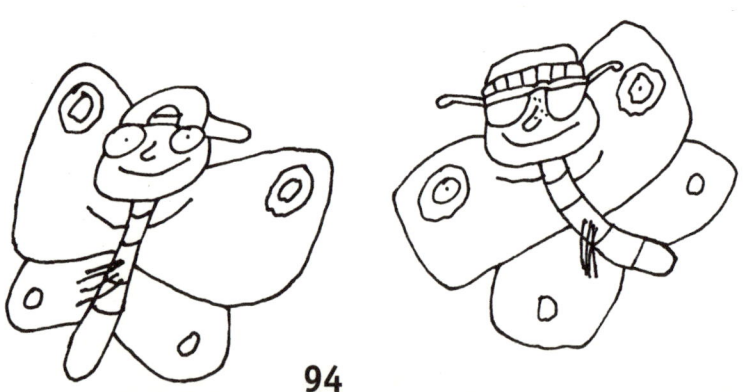

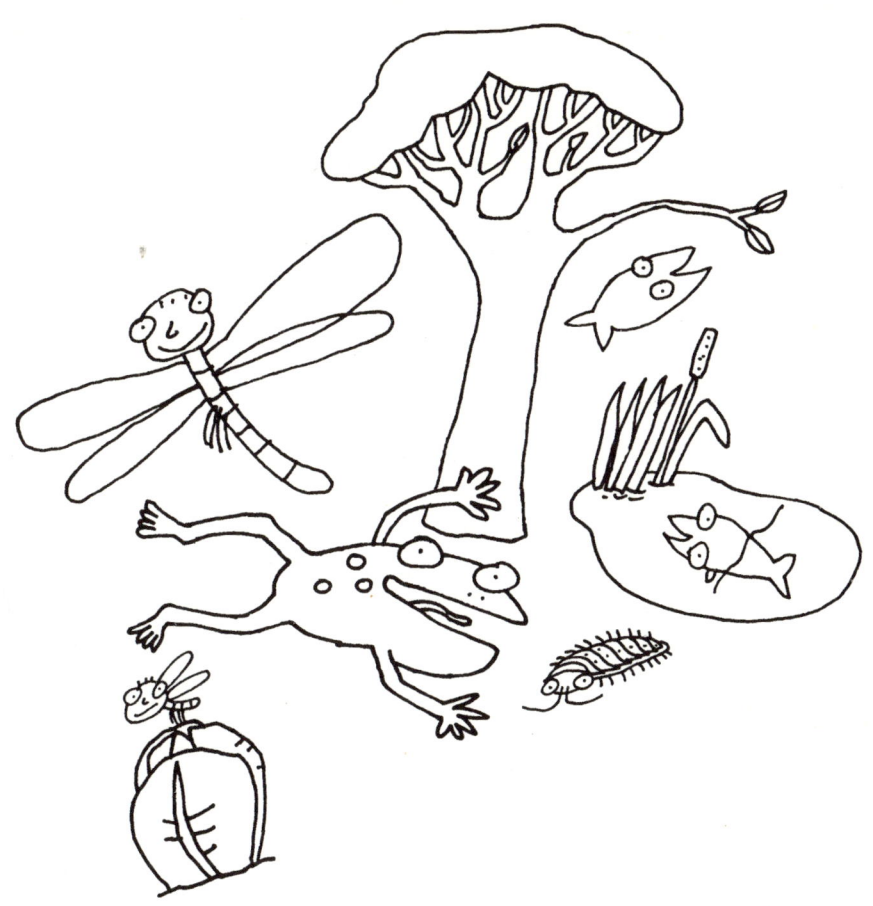

Die Schmetterlinge Rabatz und Raubauz sind gerührt. Glücklich lachen sie gemeinsam mit ihren Freunden und freuen sich über das schöne Fest, über ihre gelungene Entwicklung von der Raupe zum Schmetterling, über all die Abenteuer und Ereignisse, die sie miteinander erlebt haben. Und ihr könnt mir glauben: Fast hätten die Freude und die Begeisterung in dieser Nacht kein Ende genommen. Aber irgendwann hat eben alles doch sein Ende – und so endet auch an dieser Stelle das Buch »Raupe Rabatz rappt und reimt«.